www.ingramcontent.com/pod-product-compliance
Lightning Source LLC
Chambersburg PA
CBHW080608090426
42735CB00017B/3370

سبک زندگی در پرتو مرگ‌اندیشی
(مبتنی بر آموزه‌های نهج‌البلاغه)

سعید سخاوت - پروین بهارزاده

عنوان: سبک زندگی در پرتو مرگ‌اندیشی (مبتنی بر آموزه‌های نهج‌البلاغه)

نویسندگان: سعید سخاوت، پروین بهارزاده (عضو هیات علمی دانشکده الهیات دانشگاه الزهرا)

ناشر: سوپریم سنچوری (قرن برتر)، آمریکا

شابک: ۹۷۸۱۹۳۹۱۲۳۹۱۶

All Rights Reserved © 2016

کلیه حقوق مادی و معنوی اثر برای نویسندگان محفوظ است

فهرست مطالب

مقدمه 2

فصل اول: مفاهیم کلیدی 5

1- سبک زندگی 9
    الف- ارزش 10
    ب- هویت 11
    ج- فرهنگ 13
    د- نگرش 14
    ه- تعاریف مختلف سبک زندگی 18
    و- ویژگی‌های سبک زندگی 19
    درخت سبک زندگی آدلر 21
    جایگاه دین در فرآیند شکل‌گیری سبک زندگی 23
    درخت سبک زندگی اسلامی 24

2- مرگ‌اندیشی 26
    الف- انواع مرگ 31
    ب- مفهوم مرگ‌اندیشی 32

فصل دوم: سبک زندگی در پرتو مرگ اندیشی 35

1- تاثیر مرگ‌اندیشی بر نگرش‌های کلی انسان 37
    الف- تاثیر مرگ‌اندیشی بر « نگرشِ به خود » 38
    ب- تاثیر مرگ‌اندیشی بر « نگرشِ به دیگران » 48
    ج- تاثیر مرگ‌اندیشی بر « نگرشِ به هستی » 51
    د- تاثیر مرگ‌اندیشی بر « نگرشِ به خالق هستی » 58

2- سبک‌های کلی زندگی در مواجهه با یاد مرگ 61

3- ویژگی های سبک زندگی در پرتو مرگ‌اندیشی 63
    - جاودانه‌نگری 64

-پرهیز از دنیاپرستی	67
-اعتدال و میانه‌روی	74
- مدیریت زمان و غنیمت شمردن فرصت دنیا	75
-شادکامی و رفع افسردگی	78
-شجاعت و شهامت	81
-کفاف و عفاف	85
-تقوی و پرهیزکاری	85
-زهد	87
-قناعت	89
-عدالت	90
-گذشت و مهربانی	91
-حسن معاشرت، مهرورزی و مدارا	93
-نیکو کاری	95
4- نمودار توصیفی	97
5- خلاصه و جمع‌بندی	98
فهرست منابع:	107

مقدمه

سیر تحول ارزش‌ها و بحران هویت در دهه‌های اخیر موجب تغییر شدید در نگرش‌ها، باورها، گرایش‌ها، آداب و رسوم، سنن اجتماعی و حتی باورهای دینی گشته و انسان‌ها را چنان دچار تضاد و تناقض نموده که بیشتر جوامع از هویت اصلی خود فاصله گرفته‌اند. به عنوان مثال بسیاری از جوامع مسلمان کنونی را نه می‌توان نام اسلامی بر آنها نهاد و نه می‌توان از آنها به عنوان جوامع مدرن لائیک یاد کرد و علیرغم آموزه‌های دینی مبنی بر جایگاه والای اخلاق، فضائل و کرامات اخلاقی و توصیه اکید به رعایت آن، بعضاً شاهد نهادینه شدن بسیاری از رذایل اخلاقی در این جوامع بوده و رقابت دیوانه‌وار در تجمل‌گرایی، فخرفروشی و کسب شخصیت کاذب با ظاهرسازی‌های اشرافی به پدیده‌ای شایع در اکثر این جوامع تبدیل شده است. معیارها و ارزش‌های اجتماعی به نحوی تحول یافته که ارزش معرفت، علم، دانش، بزرگواری و کرامت کمرنگ شده و ثروت، خانه و اتومبیل‌های گران قیمت، لباس‌های پر زرق و برق، جواهرات قیمتی، میهمانی‌های اشرافی، دکوراسیون‌های تجملی، ریخت و پاش‌های بی‌رویه مایه کسب احترام و وجاهت اجتماعی گردیده است.

برخی از زمینه‌های تاریخی ظهور این بحران در کشورهای اسلامی به حدود دو قرن پیش و به زمانی برمی‌گردد که غرب در موقعیت بسیار خوبی از جهت پیشرفت‌های علمی قرار گرفت و شیوه مواجهه کشورهای اسلامی در قبال این پیشرفت‌ها به طور عمده بر دو رویکرد متکی بود: یکی رویکرد طرد، نفی و انکار و دیگری رویکرد مرعوب شدن، خودباختگی و تسلیم. رویکرد سومی که مبتنی بر اخذ و اقتباس آگاهانه از پیشرفت‌های علمی و صنعتی غرب همراه با حفظ ارزش‌ها، اصالت‌ها و فرهنگ و تمدن خودی باشد، چندان مورد توجه قرار نگرفت. لذا فاصله میان مسلمانان و غرب از لحاظ علمی و فنی بیشتر شد و زمینه‌ساز این تفکر گردید که برای جبران گذشته‌ها و پر کردن فاصله طولانی به وجود آمده چاره‌ای جز غرب‌گرایی، غرب‌باوری و غرب‌پرستی نیست و بالطبع لازمه این گرایش به فرهنگ غربی، جداشدن و دست کشیدن از هویت و فرهنگ خودی بود و این باور در اذهان عده‌ای به وجود آمد که تنها راه چاره، قطع پیوند با ریشه‌های فرهنگ و تمدن اسلامی است. علاوه بر زمینه‌های تاریخی، عوامل دیگری مانند تغییرات پر شتاب زندگی، گسست فرهنگی، تضاد نسل‌ها، پدیده کلان شهرهای بزرگ و نظام ناکارآمد آموزش و پرورش هر یک در جای خود، اثرات تعیین کننده‌ای بر این بحران و شتاب بخشیدن به روند آن داشته است.

این امر برای مسلمانان که از منبع عظیم وحیانی قرآن مجید و سایر منابع ارزشمند اسلامی بهره‌مند هستند، آسیب بزرگی به شمار می رود و می بایست برای برون رفت از این وضعیت چاره ای اندیشید به نحوی که این جوامع را به سمت هویت فرهنگی و تحکیم بنیادهای ارزشی اصیل خود سوق دهد. برای محقق شدن این امر دو جهت‌گیری باید مشخص شود: یکی بایدها و نبایدهای مورد قبول و یا به عبارتی همان نظام اعتقادات و باورها و دوم شیوه‌های اجرا و به عینیت رساندن آنها، که در این گفتار برای هر دو مقصد بیشتر از منبع ارزشمند و شریف نهج‌البلاغه، به عنوان یکی از ناب‌ترین منابع اسلامی استفاده شده است. موضوع "مرگ‌اندیشی" نیز که از موضوعات مهم و تاثیرگذار در راستای تداوم حیات و ارتقای کیفیت ورود به سرای جاودان است، به عنوان یک راهکار موثر برای درمان این آسیب اجتماعی و ترسیم یک سبک زندگی متعالی پیشنهاد شده است.

مرگ اندیشی که نتیجه ذاتی آینده نگری و توجه انسان به فرجام جاده زندگی این دنیایی است با تاثیر بر نگرش های کلی چهارگانه انسان (نگرش به هستی، نگرش به خدا، نگرش به خود و نگرش به دیگران)، همه رفتارها، گرایش‌ها، تمایلات و در نتیجه سبک زندگی افراد را تحت تاثیر خود قرار می‌دهد. نگرش انسان به هستی به عنوان یک مجموعه معنادار، هدفمند، پویا و جاودانه از نتایج مرگ اندیشی است و بنابراین خالق چنین هستی، خود حکیمی هوشمند است که مشیت او عین قانونمندی و مبتنی بر رحمانیت است. اصلاح نگرشِ به خود به فهم هوشمندی، برخورداری از پختگی، تسلط بر نفس و کسب آرامش درونی می‌انجامد و نهایتاً احساس اخوت و برادری را می‌توان از مهمترین دستاوردهای اصلاح نگرشِ به دیگران بر اثر مرگ اندیشی دانست. تمایلات، جهت‌گیری‌ها و هیجانات زندگی نیز در پرتو مرگ‌اندیشی می‌تواند به پرهیز از دنیاپرستی، کسب فضایلی مانند تقوی و پرهیزکاری، زهد و قناعت و ... منجر شود که به طور قطع در ترسیم سبک زندگی متعالی به نام سبک زندگی اسلامی مؤثر خواهد بود.

فصل اول:

مفاهیم کلیدی

در این فصل ابتدا به تبیین مفاهیم به کار رفته در این گفتار پرداخته می شود. دو مفهوم اصلی «مرگ‌اندیشی» و «سبک زندگی»، در عین مصطلح بودن در افواه عمومی، دارای مفاهیمی پیچیده و دامنه کاربردی بسیار وسیع در جامعه می‌باشد. همه افراد بارها در زندگی خود شاهد پدیده مرگ بوده‌اند و بسیار از مرگ سخن گفته‌اند، اما کسی نمی‌داند که دقیقاً طرز تلقی افراد نسبت به این فرآیند انسان شمول و این قانون بدون نقض هستی، چگونه است؟ انواع آن کدام است؟ تفاوت مرگ و حیات در چیست؟ و یا واژه «سبک زندگی» بسیار زیاد به کار برده می‌شود ولی دقیقاً مشخص نیست که گوینده کدام بعد از ابعاد سبک زندگی را مد نظر دارد؟ از این‌رو تبیین این دو مفهوم و ارائه تعریف درستی از این دو، امری ضروری به نظر می‌رسد.

۱- سبک زندگی

واژه سبک زندگی[1]، واژه‌ای مصطلح و شناخته شده است که در بیشتر شاخه‌های علوم انسانی مورد استفاده و توجه قرار گرفته و بسته به رویکردی که بدان پرداخته می‌شود، تعاریف متفاوتی دارد. از عام‌ترین و کلی‌ترین مسائل در نظریه‌پردازی‌های کلان اجتماعی- انسانی مانند موضوع استراتژیک جامعه‌سازی در غرب تا خردترین موضوعات مانند نحوه لباس پوشیدن، طرز آرایش موی سر و یا نوع مبلمان و وسایل مورد استفاده در منزل. یک تعریف از آن عبارت است از مجموعه رفتارها و الگوهای کنش افراد که برخواسته از ابعاد هنجاری و معنایی زندگی اجتماعی بوده و مبیّن کم و کیف نظام باورها، ماهیت کنش‌ها و محتوای تعاملات افراد در جامعه است و یا به عبارتی الگوی رفتاری منبعث از اعتقادات، نیات و تفسیر افراد جامعه از رخدادهای مختلف است. بنابراین تعریف با شناخت سبک زندگی در هر جامعه ای می‌توان به نظام اعتقادات، باورها، هنجارهای پنهان موجود در اذهان و نهایتاً تمایلات مردم آن جامعه پی برد و جهت‌گیری‌ها و الگوهای در حال شکل‌گیری در آن جامعه را به نحو واقع‌بینانه‌ای تحلیل نمود و از آنها تفسیری به دست داد، لیکن در همین جا باید اذعان داشت که تبیین همه جانبه چنین موضوع فراگیری به دلیل کثرت

---

[1] Life Style

موارد آن کار آسانی نیست. مفهوم «سبک زندگی» با مفاهیمی همچون ارزش، هویت، فرهنگ و نگرش، به عنوان اساسی‌ترین مفاهیم، به هم آمیخته است که برای درک درستی از سبک زندگی نیاز به تبیین این مفاهیم می‌باشد.

الف- ارزش

«ارزش» در گفتارهای دینی، فرهنگی و سیاسی جزو مفاهیم کلیدی، تعیین کننده و پیچیده به شمار می‌رود. همه ما این مفهوم را به کار می‌بریم بدون آنکه تعریف روشنی از آن ارائه داده باشیم. بعضی از دانشمندان «ارزش» را در ارتباط با کار، سود، کالا و نیروی کار تعریف نموده‌اند و بر این اساس، ارزش یک کالا معادل میزان کاری است که برایش صرف شده است. هرچند این تعریف در جای خود سودمند و مهم به‌شمار می‌رود، لیکن در این جا با توجه به موضوع مورد بحث چندان قابل توجه نمی‌باشد.

فرهنگ جامعه از هنجارهایی که افراد آن جامعه از آن پیروی می‌کنند تشکیل می‌شود و هنجارهای یک جامعه بر پایه ارزش‌های آن جامعه استوار است. بنابراین می‌توان گفت که ارزش یکی از مولفه‌های بنیادین فرهنگ یک جامعه به‌شمار می‌رود که باید وجوه تمایز مفهومی آن به خوبی تعریف و شفاف شوند.

در جامعه شناسی «ارزش» به معنای خوب یا بد، شایسته یا ناشایست و مطلوب یا نامطلوب در نزد یک فرد یا گروه تعریف شده است. بعضی نیز آن را هنجار و معیار انتخاب یک فرد یا گروه در یک موقعیت تعریف کرده‌اند. ارزش‌ها بدلیل عام بودن و انتزاعی بودن، همان‌گونه که دارای تعاریف مختلفی هستند، دارای طبقه‌بندی‌های مختلفی نیز می‌باشند. که در اینجا با توجه به ارتباط موضوع صرفاً به یک نوع طبقه‌بندی، که آنها را از نظر منشأ و ریشه به دو دسته ارزش‌های معنوی و ارزش‌های مادی تقسیم می‌نماید، پرداخته می‌شود.

ارزش‌های معنوی: در جوامعی که اعتقاد به دین دارند، یا از فطرت انسانی خود منحرف نشده‌اند، منشأ بسیاری از ارزش‌ها را تعالیم دینی، وحی و فطرت تشکیل می‌دهد. در چنین جوامعی، اعتبار این ارزش‌ها به پذیرش یا عدم پذیرش عموم مردم وابسته نبوده و در هر حال معتبر شناخته می‌شوند.

ارزش‌های مادی: در این نوع ارزش‌ها، چون منشأ آنها مادی است، جنبه خدایی و الهی قضیه کنار می‌رود، منشأ آنها وحی نمی‌باشد، بلکه در طول زمان و به تدریج در جامعه شکل می‌گیرند. بدیهی است این نوع ارزش‌ها، به تناسب نیازها و شرایط اجتماعی، دستخوش تغییرات می‌شوند. تمام تفاوت‌های موجود در الگوهای رفتاری افراد، به نوعی به ارزش‌ها و جهت‌گیری‌های ارزشی افراد اعم از ارزش‌های مادی و معنوی ارتباط دارد. ارزش‌های مورد قبول فرد از طریق والدین و دوستان و یا محل کار و در مدرسه و همین‌طور از طریق دیگر نهادهای اجتماعی و همچنین رسانه‌ها طی مراحل مختلف به فرد منتقل می‌شود و تمام افراد جامعه به مرور زمان و متأثر از روند جامعه پذیری یاد می‌گیرند که به عنوان عضوی از اعضای جامعه، ارزش‌های متعلق به آن جامعه و فرهنگ را مشابه دیگر اعضای جامعه محترم بشمارند و بر اساس آن رفتار کنند. بنابراین در روند جامعه پذیری، اکثر افراد مشابه هم شده و در طول زندگی‌شان از ارزش‌های مشترکی پیروی می‌کنند. این روند به شکل‌دهی سبک زندگی افراد کمک می‌کند.

ب- هویت

در فرهنگ لغت[1] هویت یعنی آنچه موجب شناسایی شخص می‌شود. یعنی حقیقت شیئ یا شخص که مشتمل بر صفات جوهری او باشد. هویت در لغت از ترکیب هو ساخته می‌شود و به معنای شخصیت، ذات، هستی و وجود است. از نظر کراجر[2]، که از صاحب نظران جامعه‌شناسی است، هویت یعنی توازن برقرار کردن میان خود و دیگران. در برخی از فرهنگ‌های لغات، هویت را مترادف با شخصیت و اصلیت آورده‌اند در حالی‌که این دو کاملا مترادف با یکدیگر نیستند، هویت معنا و مفهومی گسترده‌تر از شخصیت دارد، زیرا شخصیت فقط در مورد انسان به کار می‌رود و مورد استعمال برای غیر انسان ندارد در حالی که هویت، مفهومی عام است که انسان و غیر انسان و از جمله اشیاء را نیز شامل می‌شود.

---

[1]. فرهنگ عمید، 1371، 1265

[2] Kroger, Jane

از یک منظر هویت شامل سه جزء هویت فردی، هویت اجتماعی و هویت فرهنگی است. این اجزا جنبه‌هایی از یک پدیده‌ی واحد هستند، که هویت کلی فرد را تشکیل می دهند. از طریق هویت فردی است که یک فرد می‌تواند به تنهایی و دور از دیگران ظرفیت لازم برای زندگی را درون خود ایجاد کند. ظرفیتی که نهایتاً منجر به شکل گیری شخصیت فرد می شود. لذا اولین کارکرد هویت، تثبیت شخصیت فرد است.[1]

هویت اجتماعی در روند مراحل اجتماعی شدن شکل می‌گیرد. میان ارزش‌های فردی و جمعی و میزان انطباق نقش‌های انتخابی فرد در جامعه، با گرایش‌ها و نظام ارزش‌های فردی او، رابطه‌ای تنگاتنگ وجود دارد. مردم اغلب هویت خود را از طریق عضویت در گروه‌های خاص اجتماعی که بدان‌ها احساس تعلق دارند، تعریف می کنند. در نتیجه بعضی اوقات لازم است هویت فردی فدای انتظاراتی که هویت اجتماعی دارد، شود.

هویت فرهنگی افراد دو کارکرد بسیار منسجم و مرتبط دارد. از یک سو به هویت فردی و از سوی دیگر به هویت اجتماعی مربوط می‌شود. از طریق هویت فرهنگی است که فرد می‌تواند ویژگی‌های منحصر به فرد خود را میان گروه‌هایی که بدان تعلق دارد، ابراز کند و حتی در مقابل گروه‌های دیگر نیز راجع به تعلقات گروهی خود سخن بگوید. لذا افراد برای حفظ و توسعه هویت فردی خود افکار و اعمالشان را به عنوان ابزاری بکار برده، از این طریق می توانند خود و رابطه خود با دیگران را تعیین و تعریف کنند.

از نیازهای فطری آدمی، گرایش به عشق و پرستش است، به این معنا که انسان مستقل از هرگونه یادگیری در درونش تمایل به عبادت و بندگی خدا را احساس می‌کند. تجلی چنین احساس و تمایلی در اعمال و رفتار دینی آشکار می‌گردد و به طور کلی رابطه آدمی و دین و نسبتی که با آن پیدا می‌کند، در مقوله‌ای تحت عنوان "هویت دینی" قابل تبیین و توضیح است. به گفته روانشناسان، هدف ایدئولوژی ایجاد تصویری در ذهن شخص است که احساس فردی و جمعی هویت را در او تقویت می‌نماید. بنابراین از پیامدهای بدیهی تکوین هویت دینی، احساس تعهد و مسئولیت در قبال ارزش‌ها و باورهای آن مکتب می‌باشد. برخی از صاحب نظران، تعهد را به عنوان سنگ بنای هویت دینی تلقی می‌نمایند. در هویت دینی ما، آنچه انسان را از پوچی خارج می‌کند جهان‌بینی الهی است. انسان دارای عطشی است که فقط با پیمودن راه خدا و رسیدن به وصال او فرو می‌نشیند.

---

[1]. مجله حدیث زندگی، شماره ۲، سال سوم، ص ۹۶

از مهم‌ترین دستاوردهای هویت دینی پاسخ به پرسش‌های بنیادین و اساسی آدمی است. زیرا که دین پاسخ‌های قانع کننده‌ای برای پرسش‌های عمیق انسان همچون من کیستم؟ به کجا تعلق دارم؟ به کجا می‌روم؟ و... دارد. کلیت زندگی به وسیله دین برای انسان‌ها قابل تحلیل و بررسی است. لذا هویت دینی، توانایی آن را دارد که فلسفه‌ای حیاتی را برای بشر تنظیم، تدوین و ارائه نماید. نکته مهم این که احراز هویت دینی برای افراد یک جامعه، به منزله تقویت روحیه امیدواری و نشاط برای آینده‌ای بهتر است. زیرا کسی که منتظر است در حقیقت به فردایی امیدوار است که قطعاً بهتر از امروز است.[1]

ج- فرهنگ[2]

«فرهنگ» یکی از مفاهیمی است که در جامعه شناسی زیاد به کار برده می‌شود و بنا بر دیدگاه‌های مختلف، تعاریف گوناگونی دارد. با وجود نقاط مشترک در تعاریف اما باز هر کدام جنبه‌ای از زندگی انسان را در نظر گرفته‌اند که با دیگری ممکن است متفاوت باشد. در یک معنا، فرهنگ عبارت است از ارزش‌هایی که اعضای یک گروه معین دارند و هنجارهایی که از آن پیروی می‌کنند و کالاهای مادی که تولید می‌کنند. این هنجارها اصول و قواعد معینی هستند که از مردم انتظار می‌رود آن‌ها را رعایت کنند. هنجارها نشان دهنده‌ی «بایدها» و «نبایدها» در زندگی اجتماعی هستند. به عنوان مثال، در هنجارهای ازدواج، در بعضی از جوامع، از شوهر یا زن انتظار می‌رود که با پدر و مادر همسرشان رابطه‌ای نزدیک و تنگاتنگ برقرار کنند در حالی‌که در فرهنگ‌های دیگر از آن‌ها انتظار می‌رود پس از ازدواج از یکدیگر فاصله بگیرند و یا تک‌همسری در بعضی از فرهنگ‌ها هنجار محسوب می‌شود در حالی که در فرهنگ‌های دیگری چند همسری ناهنجاری تلقی نمی‌شود.

هنگامی‌که واژه‌ی «فرهنگ» را در گفتگوهای معمولی هر روزه به کار می‌بریم، اغلب امور متعالی ذهنی، هنر، ادبیات، موسیقی و نقاشی از آن تداعی می‌شود و مفهوم فرهنگ از دیدگاه بیشتر جامعه شناسان نیز همین امور و موارد مشابه است.

---

[1]. شاملو، 67، 1382

[2] Culture

فرهنگ به شیوه‌ی زندگی، عادات و رسوم اعضای یک جامعه همراه با کالاهای مادی که تولید می‌کنند، مربوط می‌شود. و «جامعه» به نظام روابط متقابلی اطلاق می‌گردد که افرادی را که دارای فرهنگ مشترکی هستند به همدیگر مربوط می‌سازد. بنابراین هیچ فرهنگی نمی‌تواند بدون جامعه وجود داشته باشد و همینطور، هیچ جامعه ای هم بدون فرهنگ وجود ندارد. بدون فرهنگ، نه زبانی خواهیم داشت که با آن مقاصد خود را بیان کنیم و نه هیچ گونه احساس خود آگاهی، در این صورت تفکر یا تعقل ما نیز به شدت محدود خواهد بود.[1]

د- نگرش

اساسی‌ترین مفهوم در میان مفاهیم مرتبط با سبک زندگی، «نگرش» است. معمولا هر فردی بر اساس نگرش‌هایی که به جهان هستی دارد، زندگی می‌کند، با همنوعان خود ارتباط برقرار می‌کند و داد و ستدهای اجتماعی خود را انجام می‌دهد. منشا نگرش‌های هر فردی خانواده است. به تدریج عوامل دیگر از جمله مدرسه، مربیان و گروه‌های اجتماعی در رشد و تکامل شخصیت و در نتیجه بر نگرش‌های او تاثیرگذار خواهند بود و باعث می‌شوند که او در برابر محیط اطراف و جامعه واکنش‌های متعددی نشان دهد، که رفتار و اعمال او را شکل می‌دهد.

نگرش عبارت است از نظم معینی در احساسات، افکار و آمادگی فرد برای عمل و تاثیر گذاری در برخی از جنبه‌های محیط خود که در حوزه‌های عاطفی، شناختی و رفتاری، عمل می‌نمایند. نگرش عبارت است از احساس موافق یا مخالفی که آدمی بنا به احساس و اندیشه اکتسابی پیشین خود نسبت به شخصی، شیئی و یا امری نشان می‌دهد. نگرش در حقیقت می‌تواند یک نوع احساس تلقی شود که ممکن است حالت موافق یا مخالف داشته باشد. چنین احساسی فرد را به واکنش وامی‌دارد و علاقمندی او را به امور و رویدادهای مختلف کاهش و یا افزایش می‌دهد. نگرش می‌تواند آمادگی ذهنی لازم را در فرد ایجاد نماید، به او نیروی فعال ببخشد و وی را در نیل به اهدافش یاری

---

[1]. شاملو، ۶۷، ۱۳۸۲

کند. در واقع نگرش‌ها بر اساس مفاهیمی شکل می‌گیرند که درست و باارزش و یا نادرست و فاقد ارزش هستند و یا با درجات متفاوتی در میان دوطرف خوب و بد قرار می‌گیرند.[1]

پاسخ‌ها و عکس‌العمل‌هایی که افراد به موضوعات و مفاهیم مختلف می‌دهند، با توجه به نگرش‌هایی که نسبت به آنها دارند، متفاوت است. به عنوان مثال، بر طبق پژوهش‌های پزشکی، استعمال دخانیات به‌ویژه سیگار با بیماری سرطان ارتباط مثبت و مستقیمی دارد و این مسئله برای همگان کاملا واضح و آشکار است. اما با این وجود، با توجه به نگرش افراد نسبت به زیان‌های استعمال دخانیات، عکس‌العمل‌ها با هم فرق دارد. ممکن است کسی با آگاهی از همه هشدارهای پزشکان در مورد مضرات کشیدن سیگار، توصیه آنها را جدی نگیرد و به استعمال آن ادامه دهد و کسی هم با در نظر گرفتن عوارض و ضایعات جبران ناپذیر سیگار، به هیچ عنوان آن را استعمال نکند.[2]

- حوزه‌های نگرش

بطور کلی می‌توان گفت که نگرش‌ها معانی و مفاهیمی آموختنی و اکتسابی هستند که فرد بر اثر تجربه، اندیشه و افکار خاصی آنها را تحصیل می‌کند که در حوزه‌های مختلف شناختی، عاطفی و رفتاری قابل مطالعه است.

حوزه شناختی: افکار، عقاید، تفکرات و آموخته‌های ذهنی انسان در حوزه شناختی جای دارند و از عمق، گستردگی و درجات متفاوتی برخوردار هستند. آموزش‌ها در حیطه شناختی باعث پیدایش توانایی‌ها و مهارت‌های ذهنی در انسان می‌شود و او می‌تواند به یادآوری مطالب و بازشناسی آموخته‌های قبلی خود بپردازد. یادگیری‌ها در حیطه شناختی از مسائل بسیار ساده و ابتدایی شروع می‌شود و به تدریج به سوی سطوح مشکل و مراحل پیچیده‌تر پیش می‌رود. بدین معنی که فرد پس از آموختن و درک و فهم مسائل و مطالب مورد علاقه خود قادر خواهد بود که آموخته‌های خود را در موقعیت‌های جدید به کار گیرد و در گام‌های بعدی که به پیشرفت‌های بیشتری در فراگیری دست پیدا کرد، به خوبی می‌تواند با بررسی و تجزیه و تحلیل آموخته‌های خود شناخت و آگاهی بهتر و روشن

---

[1]. پارسا، 1375؛ 186
[2]. اسپرلینگ، ترجمه بناب، 1372، 441

تری نسبت به آنان به دست آورد. در آخرین طبقه حیطه شناختی، فرد به مراحلی از پیشرفت در آموختن می‌رسد که می‌تواند ارزشیابی کند و درباره مسائل و مفاهیم گوناگون به قضاوت و داوری بپردازد.

حوزه عاطفی: آموخته‌ها، محرک‌های محیط زندگی و تجربیاتی که فرد در طول زندگی خود کسب کرده است، همگی با درجات متفاوتی بر احساسات، علایق و امیال او تاثیر می‌گذارند که این تاثیرات ممکن است بسیار سطحی یا فوق‌العاده عمیق باشند. حوزه عاطفی ارتباط مستقیمی با حوزه شناختی دارد. حوزه عاطفی نتیجه تاثیراتی است که حیطه شناختی بر ذهن انسان گذاشته است. در حوزه شناختی، کیفیت و عمق ادراک و فهمیدن مورد نظر است ولی آنچه که در حوزه عاطفی مورد بحث قرار می‌گیرد، همان میزان علایق، عواطف و احساسات فرد است که در اثر آموختن و یادگیری حاصل شده است، مثلا پایبندی افراد به قوانین راهنمایی و رانندگی نشان دهنده آن است که تا چه اندازه این گونه مقررات اثر عاطفی مثبت یا منفی در آنها داشته است. در حوزه عاطفی، هنگامی که فرد به پدیده خاصی اظهار علاقه نمود و به آن دلبستگی پیدا کرد به تدریج به آن عکس العمل نشان می‌دهد و سپس برای آن ارزش‌گذاری می‌کند. در مراحل بعدی که فرد ارزش‌های گوناگونی را کسب نمود نسبت به ادغام ارزش‌ها و از بین بردن تعارضات موجود در بین آنها به طور جدی اقدام می‌نماید تا بدین وسیله بتواند به یک نظام ارزشی منسجم، پویا، محکم و غنی دست پیدا کند. در این نظام، ارزش‌هایی بیشتر مقبول و مؤثر واقع می‌شوند که بر سایر ارزش‌ها برتری داشته باشند. سرانجام فرد پس از بررسی و تجزیه و تحلیل ارزش و گزینش و انتخاب آنها صاحب یک نظام ارزشی می‌گردد که اعمال، کردار و رفتار او را برای مدت زمان بسیار طولانی یا حتی ممکن است تا پایان عمر تحت تاثیر قرار دهد.

حوزه رفتاری: در این حوزه، نگرش‌ها به عمل تبدیل می‌شوند و به صورت رفتار مثبت یا منفی تجلی پیدا می‌کنند. بدین معنی که فرد دانستنی‌ها، افکار، عقاید، احساسات، ادراکات، ارزش‌ها و نگرش‌های خود را به صورت رفتارها و اعمال گوناگون ظاهر می‌سازد و از این طریق تاثیراتی را در محیط زندگی خود به جا می‌گذارد و متقابلاً از محیط هم تاثیر می‌پذیرد. این اثرپذیری دو جانبه بین انسان و محیط، روند زندگی و طرز تفکر او را مشخص می‌سازد و به واکنش‌ها و عکس‌العمل‌های او در مقابل دیگران و عوامل محیطی و اجتماعی شکل می‌دهد.[1]

---

1. پارسا، 1375؛ 189

- **مبنای نگرش**

هیچ کس با نگرش خاص و مشخصی از مادر متولد نمی‌شود. بیشتر نگرش‌های افراد در طول زندگی از بدو تولد و حتی از دوران جنینی و در جریان رشد و تکامل افکار و شخصیت آنها به دست می‌آید. خانواده و اعضای آن، به خصوص والدین، در کسب نگرش‌های کودکان نقش بسیار اساسی دارند و با روش‌ها و راهکارها و رهنمودهایی که ارائه می‌دهند، به تفکرات احساسات، ادراکات، ارزش‌ها و به طور کلی نگرش‌های آنها شکل و جهت می‌بخشند. و پس از آن عوامل دیگر مانند مدرسه و مربیان نقش خود را بر تاثیرگذاری بر نگرش‌های او ایفا خواهند نمود.

- **تاثیر نگرش بر رفتار**

نگرش‌ها تاثیر و کارکرد زیادی در زندگی افراد دارند و می‌توانند بر رفتار و اعمال فرد تاثیر مثبت و منفی بجا گذارند و یا به عبارتی مهم‌ترین و تاثیرگزارترین عنصر در مجموعه رفتار و اعمال افراد بشمار می‌رود. زندگی بدون نگرش، فاقد جهت و هدف است و هیچ فردی نمی‌تواند بدون داشتن نگرش با همنوعان خود ارتباط لازم و مناسب داشته باشد.

فرد بر اساس نگرش‌های خود رفتار و اعمال گوناگونی را انجام می‌دهد که برخی از آنها مثبت و قابل قبول و برخی دیگر منفی و مردود هستند. غالباً بین نگرش و رفتارهای فرد هماهنگی وجود دارد، در مثال فردی که معتقد است کشیدن سیگار برای سلامتی او زیان آور است و هرگز لب به سیگار نزند، این امر نشان می‌دهد که او کاملاً بر طبق نگرش خود عمل می‌کند اما گاهی اوقات بین نگرش و رفتار فرد ناهماهنگی مشاهده می‌شود که این مسئله برای او

بسیار مشکل و نگران کننده است. از اینرو تمامی تلاش خود را به کار می‌گیرد تا ناهماهنگی موجود را از میان برداشته یا به حداقل ممکن برساند.[1]

ه- تعاریف مختلف سبک زندگی

اکنون می‌توان با ارائه تعاریف مختلف از مفهوم «سبک زندگی»، درک بهتری از آن نیز داشت. برای این مفهوم می‌توان دو معنای «واژه به واژه» و «اصطلاحی» ارائه کرد. در معنای واژه به واژه سبک زندگی در فرهنگ آکسفورد[2]، راه‌های گوناگون زندگی فرد یا گروه معرفی شده ولی به نظر می‌رسد با این تعریف نمی‌توان به معنای کامل آن رسید چرا که این یک تعبیر اصطلاحی است. در معنای اصطلاحی که در علوم انسانی و علوم اجتماعی زیاد به کار برده شده، به معنای شیوه زیستنی است که تاکید آن بیشتر بر جنبه‌های معنایی و محتوایی شیوه زندگی معطوف است، نه فقط جنبه روشی و صوری آن (به معنای سبک). در این تعریف بسته به رویکردهایی که بدان پرداخته می‌شود، تعاریف متفاوتی دارد. به طور کلی می‌توان گفت سبک زندگی مجموعه‌ای از شیوه‌های رفتار، عادات، گرایش‌ها، حالت‌ها، سلیقه‌ها و انتخاب‌های یک فرد یا گروه در هر چیزی، از موسیقی گرفته تا هنر و تلویزیون و سبک دادن به باغچه (گل‌کاری) و دکوراسیون و فرش کردن خانه و... است که منعکس کننده نوع نگرش‌ها، ارزش‌ها، فرهنگ‌ها و معیارهای اخلاقی آن فرد یا گروه است. یا به عبارتی، وقتی ترکیبی از آداب و رفتارهای ساده و جلوه‌های ظاهری به صورت یکپارچه در نظر گرفته شود سبک زندگی را تشکیل می‌دهند. الگوی خرید و مصرف، نحوه معاشرت، نوع لباس پوشیدن، حرف زدن، تفریح، آرایش ظاهری، نظام ارتباطی، نظام معیشتی، شیوه‌های گذران اوقات فراغت، توجه به مد، نحوهٔ استفاده از محصولات تکنولوژیک و صنایع فرهنگی، معماری شهر و بازار و منازل و امثال آن در یک بسته کامل به نام سبک زندگی قرار می‌گیرند که منبعث از عقاید، باورها، ارزش‌ها و علاقه‌های ما است. فهرست

---

[1]. اسپرلینگ، ترجمه بناب، 1372، 447

[2] Oxford Dictionary 1990

رفتارها، نوع چینش آنها، نحوهٔ تخصیص وقت و تأکیدها از جمله متغیرهایی هستند که در شکل‌گیری سبک زندگی دخیل‌اند.

در بیشتر مواقع عناصر یک سبک زندگی به شکلی با هم جمع می‌شوند و شماری از افراد در به کارگیری این عناصر اشتراکاتی پیدا می‌کنند و یک نوع سبک زندگی خاص را تشکیل می دهند. مثلاً سبک زندگی ثروتمندان و اشراف، نظامی‌ها، کشاورزها، سبک زندگی آمریکایی، چینی، ایرانی نمونه‌هایی از انواع آن است.[1]

و– ویژگی‌های سبک زندگی

سبک زندگی، بطور کلی دارای ویژگی‌هایی است که بعضی از این ویژگی‌ها عبارتند از:

- سبک زندگی، ترکیبی از صورت (سبک) و معنا (زندگی) است. رفتاری منبعث از باورها و سلایق و مبتنی بر دیدگاهی آگاهانه یا نیمه خودآگاه در فلسفهٔ حیات است.

- مجموعهٔ عناصر زندگی وقتی به سبک زندگی تبدیل می‌شوند که به یک انسجام و همبستگی حداقلی رسیده و با یکدیگر هم‌خوانی و تناسب داشته باشند. مجموعه‌ای در هم از چندین نوع منطق و مدل را نمی‌توان سبک زندگی به حساب آورد. مثلاً نظام ارتباطی باید با نظام معیشتی، نظام اعتقادی، نظام فرهنگی و نظام مصرف تناسب داشته باشد و این تناسب باید تا حدی پایدار بماند. انسجام موقتی که تحت تأثیر جوّ اجتماعی خیلی زود از بین برود، سبک زندگی را پدید نمی‌آورد.

- در پدید آمدن سبک زندگی، اکثر عناصر اختیاری است. اگر فردی در یک اردوگاه کار اجباری یا در اسارت و تحت فشار بیرونی، مجبور به رفتار بر اساس نوع خاصی از زیستن شود، این سبک زندگی او محسوب نمی‌شود. سبک زندگی باید انتخاب شود و شخص فعالانه در تعریف و چینش و معماری آن بر اساس نظام اعتقادی و ارزش‌هایش مشارکت داشته باشد.

---

[1]. مهدوی کنی، 1387، 47-46

- سبک زندگی قابل ایجاد و قابل تغییر است. گرچه شرایط اجتماعی ممکن است تغییر و تحول در سبک زندگی را بسیار دشوار کند.

- جز در دوران کودکی که هنوز شخصیت فرد شکل نگرفته است، نمی‌توان انسانی را بدون سبک زندگی تصور کرد. و حتی اگر افراد شکل خاصی از زندگی را با اراده و اختیار انتخاب نکنند، ناخودآگاه در قالب‌های از پیش تعیین شده محیط و جامعه قرار می‌گیرند. بنابراین چه بهتر که آگاهانه و از سر اختیار صورت پذیرد، نه بدون اختیار و بر اثر شرایط محیطی.

- سبک زندگی به یک نوع هویت اجتماعی منجر می‌شود. به نحوی که شخصیت افراد نیز بر اثر آن ساخته می‌شود. از سوی دیگر، فرد بر اساس سبک زندگی (یعنی چیزی که می‌خورد، می‌پوشد، جایی که زندگی می‌کند، ماشینی که سوار می‌شود و کسانی که حشر و نشر دارد و...) آرام آرام به رفتارهایی عادت می‌کند و از درون شکل می‌گیرد. این موضوع باعث می‌شود که نظام ارزشی خاصی نیز برایش درونی شود. تجزیه و تحلیل ما هم از شخصیت و هویت دیگران تا اندازه‌ای به همین ظواهر وابسته است.

- در سطح کلان اجتماعی، سبک زندگی هم‌گرایی و واگرایی ایجاد می‌کند. به این نحو که کسانی که سال‌ها با هم و مانند هم زیسته‌اند آرام آرام مانند هم فکر می‌کنند و حساسیت‌ها و علاقه‌هایی مشترک خواهند داشت. این همگرایی از پیش تعریف نشده، به موضع‌گیری‌ها و قضاوت‌های اجتماعی فرهنگی و اخلاقی یکسان خواهد رسید و یک قطب هم‌نوا یا قدرت اجتماعی پنهان تشکیل خواهد داد[1].

دیدگاه‌های نظریه پردازان مختلف در باره سبک زندگی یکسان نبوده، بعضی آن را تنها الگوی رفتاری عینی و عیان خارجی به حساب می‌آورند مانند زیمل، بوردیو و کلاکهون و بعضی مانند آدلر سبک زندگی را شامل رفتار درونی و ذهنیات و حاصل خوی‌ها و منش‌ها می‌دانند و در این میان کسانی نیز مانند وبر هم بر عینی بودن و هم بر ذهنی بودن سبک زندگی تاکید دارند. بعضی سبک زندگی را امری فردی می‌دانند مانند آدلر و بعضی آن را اجتماعی، مانند زیمل و کلاکهون.

---

[1]. شریفی، 1391، 80-17

با جمع‌بندی دیدگاه‌ها و معانی مختلف در مورد سبک زندگی و همچنین موضوع مورد بحث می‌توان گفت: "سبک زندگی الگویی بهینه برای رسیدن به اهداف در طول زندگی است که نحوه ارتباط برقرار کردن با خود، مردم، هستی و خدا را تعیین و معنی‌دار می‌کند".

بی طرح و نقشه‌ی زندگی، باید لحظه به لحظه مطالب را بازآموزی کرد و شکست‌ها و خطاهای گذشته را دوباره تجربه نمود. اما با داشتن سبک زندگی می‌توان آن را برای آینده بازسازی و آماده نمود تا از آنچه که مطلوب نیست و ممکن است اتفاق بیفتد جلوگیری کرد. بنابراین چگونگی و عوامل موثر بر روند شکل‌گیری سبک زندگی از اهمیت خاصی برخوردار است. وقتی صحبت از سبک می‌شود یک ویژگی با اصول نسبتاً ثابت برای آن سبک مورد نظر است و نکته قابل توجه اینکه رفتاری که فرد انجام می‌دهد اتفاقی، ناخواسته و بی‌حساب نیست.[1]

درخت سبک زندگی آدلر

سبک زندگی توسط آدلر و پیروانش به درختی تشبیه شده که این درخت همانند همه درختان دارای ریشه، ساقه، شاخه‌ها و سرشاخه‌هایی است. تمام ریشه‌ها، آوندهای موجود در ساقه و نیز شاخه و سرشاخه‌ها هم با یکدیگر و هم با محیط خود در تعامل هستند. تک‌تک آوندها از ریشه‌ها تاثیر پذیرفته و بر شاخه‌ها و سرشاخه‌ها اثر می‌گذارند و زندگی توده مردم در این چارچوب قابل تعریف است. ریشه‌های درخت سبک زندگی به دوران کودکی افراد مربوط می‌شود و شامل سلامتی و ظاهر فرد، وضعیت اقتصادی و اجتماعی خانواده، نگرش‌های والدین، شکل جمعی خانواده و نقش جنسیتی است. ساقه این درخت را همان نگرش‌های کلی حاکم بر سبک زندگی با الگوهایی نسبتاً ثابت از تفکر، احساس و عمل تشکیل می‌دهد که شامل نحوه نگرش به خود، به مشکلات، به دیگران، به جنس دیگر

---

[1]. کاویانی، 1391، 104-32

و به زندگی است و نهایتاً وظایف اجتماعی، شغلی و عشقی- جنسی، همان شاخه‌ها و سرشاخه های درخت سبک زندگی را شکل می‌دهد.

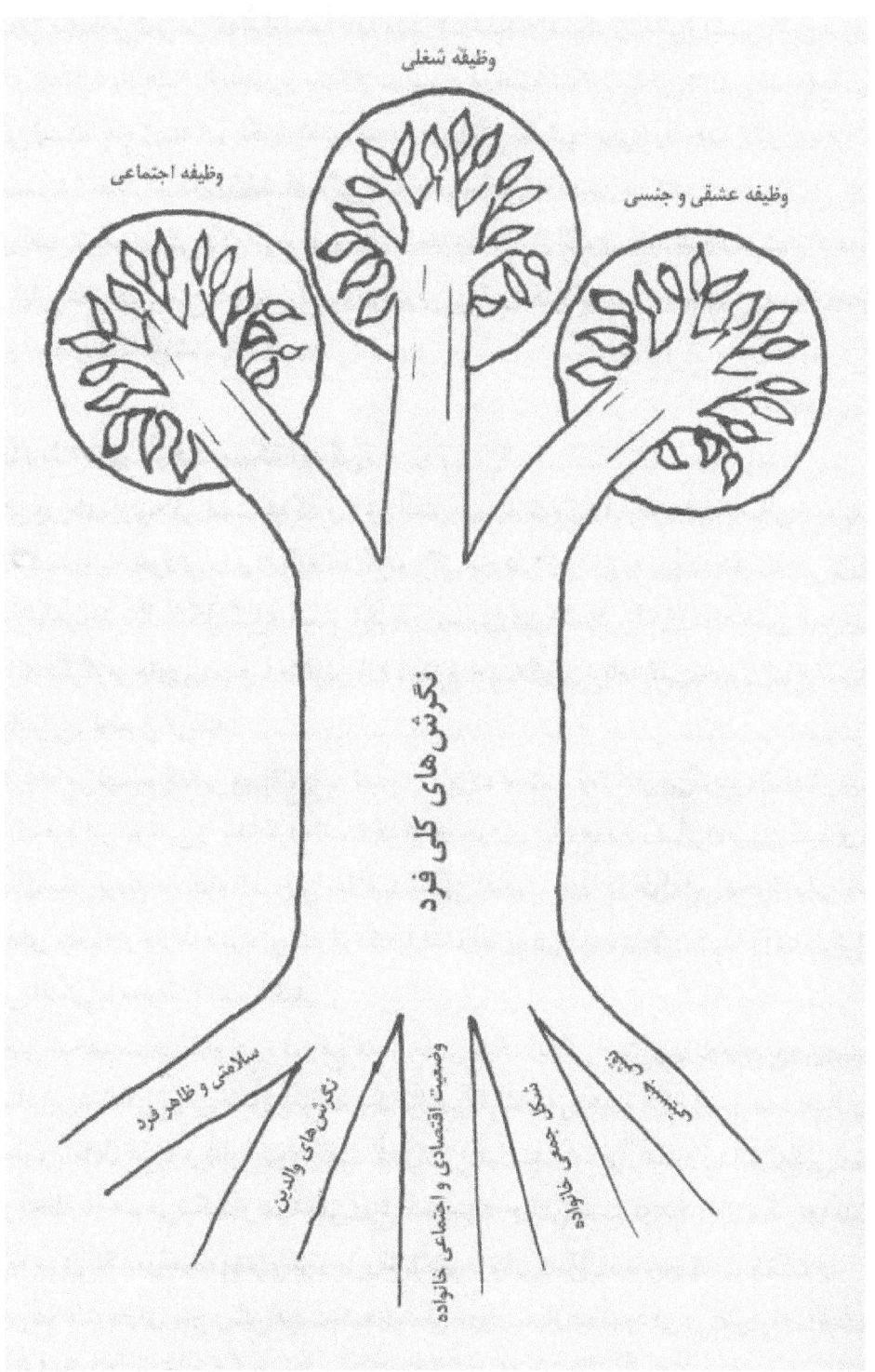

تصویر شماره ۱: درخت سبک زندگی آدلر برگرفته از کتاب سبک زندگی اسلامی و ابزار سنجش آن

جایگاه دین در فرآیند شکل‌گیری سبک زندگی

در مدل سبک زندگی آدلر، فرآیند شکل‌گیری سبک زندگی و ارتباط بین نگرش‌های کلی حاکم بر سبک زندگی (ساقه درخت) با ریشه‌های آن اینگونه شرح داده می‌شود: آگاهی نسبی انسان از داشته‌های موروثی خود، او را در شناخت جهان پیرامونش توانا می‌سازد. این آگاهی و شناخت به فرد کمک می‌کند تا طرحی اولیه از جهان را در ذهن خود ترسیم نماید. فرد بر اساس این طرح، برترین الگو را برای حرکت خود بر می‌گزیند. پس حرکت یا کنش فرد از داشته‌های موروثی وی شروع می‌شود و سپس سعی می‌کند با قدرت خلاقیت خود بر محدودیت‌های وراثتی و محیطی غلبه کند. با نزدیک شدن به هدف، در عین کسب رضایت نسبی و احساس ایمنی به درک جدیدی از وضعیت‌های برتر و به عبارتی به آرمان‌های متعالی‌تر دست می‌یابد و دوباره همین فرآیند تکرار می‌شود.

حال سوال این است که در این فرآیند جایگاه دین کجاست؟ دین می‌تواند حاوی آگاهی‌ها، تجربیات و تمایزات میان امور قدسی و غیر آن (جهان‌بینی) باشد که فرد را در شناخت خود و جهان پیرامونش کمک می‌کند و در ترسیم طرحی از آن‌ها در ذهن خود، به تعیین آرمان‌هایش یاری رساند. علاوه بر این، دین عموماً دارای مجموعه‌ای از قواعد و قوانین، ارزش‌ها و هنجارهای رفتاری (احکام و اخلاق)، شعائر و مناسک است و مدعی است بهترین الگوی سبک زندگی را به افراد و جامعه پیشنهاد می‌کند. پس طبیعی است فرد در انتخاب برترین الگو برای اقدام و حرکت از دین متاثر باشد. همچنین دین می‌تواند بر خلاقیت فرد در انطباق با وضعیت‌های مختلف تاثیر گذارد و او را در مواجهه با محدودیت‌های وراثتی و محیطی توانمند یا ناتوان سازد. دین به طور معمول دارای نهادهای اجتماعی و جمعی نسبتاً منسجم از پیروان است که در شکل‌گیری اجتماعی فرد و شناخت وی از محیط اثر می‌گذارد. و از همه مهم‌تر آن که دین معمولاً شناختی تو در تو و عمیق از جهان ارائه می‌کند و حرکت در مسیر آن و عبور از هر مرحله‌اش راه را برای ورود به مرحله بعد هموار می‌کند. به این ترتیب طبق مدل آدلر مسیر حرکت متعالی در این دنیا و اهدافِ مرحله‌ای آن را پایانی نیست، پس دین می‌تواند در همه مراحل رشد، تاثیرگذاری خود را حفظ کند.

مطالعاتی که در باره مدل‌های مختلف انجام شده، نشان می‌دهد مدل ویژه‌ای که بتواند رابطه تاثیر دین و سبک زندگی را به‌طور خاص بیان کند، ارائه نشده است ولی می‌توان گفت قطعاً رابطه منطقی میان سبک زندگی و دین وجود

دارد و اثربخشی دین بر سبک زندگی در بالاترین سطح وجود دارد و جهت‌دهی آن به سوی اهداف غایی دین است. حداقل این تاثیر را می توان در شکل گیری مولفه‌های سبک زندگی بر اساس آموزه‌ها و نمادهای دینی مشاهده نمود.

در یک جمع‌بندی می‌توان گفت که با مبنا قرار دادن فرآیند شکل‌گیری سبک زندگی، اگرچه معمولاً دین در مرحله شکل‌دهی به تمایلات و ترجیحات بیشتر مورد توجه قرار می‌گیرد، ولی پاره‌ای از پژوهش‌ها نشان می‌دهد که دین می‌تواند در کلیه مراحل فرآیند شکل‌گیری سبک زندگی تاثیر مستقیم و یا واسطه‌ای (زمینه‌سازی) داشته باشد. چرا که دین یک امر فراگیر فرهنگی-اجتماعی است و می‌تواند به نوعی در هر امر و فرآیند فرهنگی اجتماعی و از جمله سبک زندگی به‌طور مستقیم یا غیر مستقیم تاثیرگذار باشد.[1]

درخت سبک زندگی اسلامی

با استفاده از نظریات جدید و برگرفته از اسلام، قرآن و روایات، مدلی تحت عنوان درخت سبک زندگی اسلامی توسط دکتر محمد کاویانی در کتاب «سبک زندگی اسلامی و ابزار سنجش آن» ارائه گردیده است. در این مدل که با بازسازی مدل آدلر تهیه و ارائه شده است، با تغییراتی در هر یک از اجزای درخت سبک زندگی آدلر، ریشه‌های آن شامل هشت مولفه در نظر گرفته است. تعدادی از مولفه‌ها، همان مولفه‌های درخت آدلر است مانند: وضعیت اقتصادی-اجتماعی خانواده، نگرشهای تربیتی والدین و سلامتی و ظاهر فرد و بعضی از آنها تغییر یافته یا اضافه شده است مانند: تربیت کودک قبل از تولد، توجه به نیازهای ماه‌های اولیه، توجه عاطفی به فرزند در تمام دوران زندگی، نگرش های حاکم بر خانواده و نقش جنسی از دیدگاه اسلام.

---

[1]. مهدوی کنی، ۱۳۸۷، ۲۳۰-۲۱۹

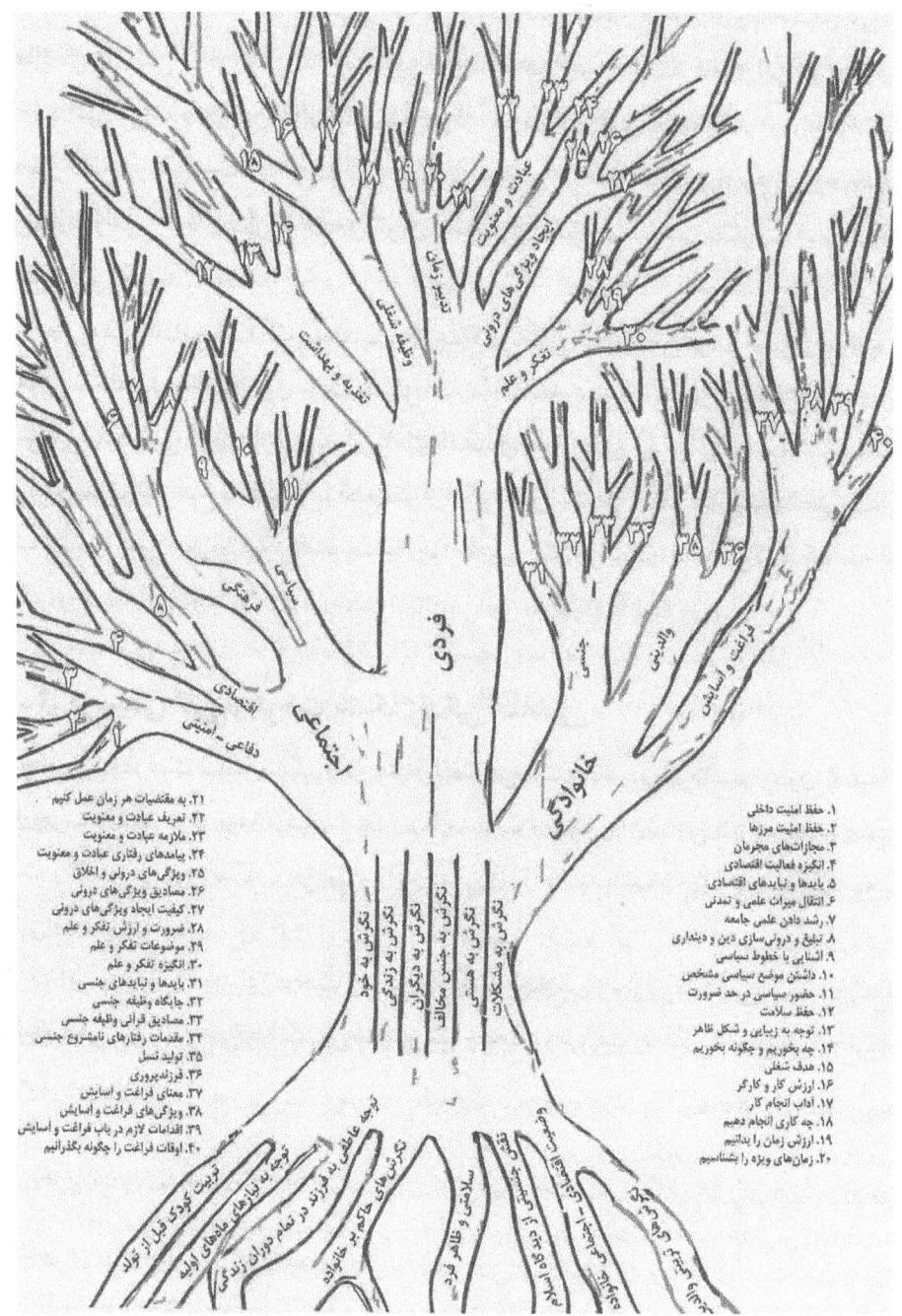

شکل شماره ۲: درخت تجویزی سبک زندگی اسلامی برگرفته از کتاب سبک زندگی اسلامی و ابزار سنجش آن

وی برای ساقه، شاخه‌ها و سرشاخه‌های این مدل، گزینه‌های دیگری با نگرش اسلامی مطرح نموده و برای هر کدام از آن‌ها با استفاده از آیات قرآن، احادیث و روایات معتبر توضیحات مبسوط ذکر کرده است. بر اساس این مدل، نگرش‌های کلی حاکم بر زندگی انسان به عنوان ساقه اصلی و یا تنه درخت سبک زندگی اسلامی در نظر گرفته شده که شامل شش نگرش کلی به شرح زیر است:

1- نگرش به خود

2- نگرش به زندگی

3- نگرش به دیگران

4- نگرش به جنس مخالف

5- نگرش به هستی

6- نگرش به مشکلات

اگر چه این نگرش‌ها در زندگی خیلی بروز آشکار ندارند، ولی در حقیقت این نگرش‌ها هستند که موجب پیوند بین همه رفتارها می‌شوند. رفتارهایی که ناشی از نیازهای مشترک انسان‌ها هستند مانند: خوردن، آشامیدن، ازدواج کردن، تعامل با دیگران و ... . بنابراین ممکن است در شاخه‌های درخت سبک زندگی، که همان وظایف فردی، خانوادگی و اجتماعی و در سرشاخه‌ها که مصداق‌های رفتاری انسان‌ها است، مشترکات زیادی بین افراد در جوامع مختلف اعم از مسلمان و غیرمسلمان وجود دارد، لیکن این رفتارها بطور یکسان داوری و قضاوت نمی‌شود و ملاک ارزیابی و سنجش این رفتارها، همان نگرش‌هایی است که منجر به بروز آنها می‌شود.[1]

با توجه به هدف نگارنده که بررسی تاثیر «مرگ‌اندیشی» بر نگرش‌های کلی حاکم بر زندگی است از بین تقسیم‌بندی‌های حوزه‌های نگرش در میان نظریه‌پردازان، جهت تسهیل در وصول به نتیجه و همچنین همپوشانی حوزه‌های نگرش از منظر مرگ‌اندیشی، این تقسیم‌بندی بر اساس همان تقسیم بندی گفته شده نخست (نگرش به خود، نگرش به دیگران، نگرش به هستی، نگرش به خالق هستی) مورد بررسی قرار گرفته است.

2- مرگ‌اندیشی

---

[1] کاویانی، 1391، 150، 86-

مرگ در رشته‌های گوناگون علمی مفاهیمی متفاوت و در عین حال مرتبط با هم دارد. در زیست‌شناسی مرگ پایان زندگی موجودات زنده است. در نقطه‌ای از زمان که فرد آرایش سلولی مغز خود و در نتیجه اطلاعات ذخیره شده آن را از دست می‌دهد دچار مرگ غیر قابل بازگشت خواهد گردید. اینکه یک انسان چگونه و به چه علت پیر می‌شود از مسائل دشوار زیست شناسی است. ولی زیست شناسان معتقدند زمانی که توانایی سلول‌ها برای تقسیم سلولی کاهش می‌یابد انسان رو به پیری می‌رود. تقسیم سلولی از ابتدای خلقت انسان تا انتهای زندگی او ادامه دارد و بعد از متوقف شدن آن زندگی انسان نیز به پایان می‌رسد. اگر از نکات پیچیده و جزئیات تخصصی این رشته صرفنظر شود، می‌توان گفت اینها همه توضیحات رشته‌های علمی است که درباره این پدیده عظیم ارائه شده است. روشن است که این مقدار از ملاحظات علمی نمی‌تواند روح جستجوگر انسان را درباره مرگ اغناء نماید. در طول تاریخ اهمیت این مفهوم آنقدر زیاد بوده است که همیشه به عنوان یکی از مهم‌ترین وجوه فرهنگ انسان‌ها محسوب شده و بخش عظیمی از این فرهنگ متاثر از نوع دیدگاه ادیان به مرگ است.

مکاتب گوناگون مسئله مرگ را از منظرهای مختلف مورد توجه قرار داده‌اند. شاید بتوان یونانیان را نخستین مردمانی دانست که درباره مرگ به اندیشه‌های نظری و فلسفی پناه بردند. سقراط فلسفه را ژرف‌اندیشی درباره مرگ می‌دانست و در تمامی عمر فلسفی‌اش به دنبال کشف حقیقت بود. او معتقد بود "هنگام مرگ پرده‌ی جهالت به کنار می‌رود و انسان با حقیقت آشنا می‌شود. از اینرو می‌گفت: هر فیلسوفی باید مرگ‌اندیش باشد و از مرگ استقبال کند، مردی که زندگی خود را وقف خدمت به فلسفه می‌کند باید مرگ را با گشاده روئی بپذیرد و امیدوار باشد که در جهان دیگر جز نیکی و نیکبختی نخواهد دید... کسانی که از راه درست به فلسفه می‌پردازند در همه‌ی عمر، بی آنکه دیگران بدانند، هیچ آرزوئی جز مرگ ندارند. او مرگ را جدایی روح از تن می‌داند."[1] نگاه فیلسوفان رواقی با دیدگاه سقراط متفاوت است. از دیدگاه آنها مرگ یک رویداد طبیعی و همانند دیگر رویدادهای طبیعی عالم است.

فیلسوفان اگزیستانسیالیسم بیش از دیگران درباره مرگ سخن گفته‌اند. مارتین هایدگر (فیلسوف آلمانی) آدمی را وجودی رو به مرگ می‌خواند و بنیادی‌ترین پرسش هر فیلسوف را معطوف به جستجوی معنا برای زندگی تلقی

---

[1]. افلاطون، ۱۳۵۷، ۶٤

می‌کرد. آثار کسانی مانند سارتر[1] و کامو[2] به خوبی دل‌مشغولی آنان را به موضوع مرگ نشان می‌دهد. بزرگ‌ترین نویسندگان جهان همچون تولستوی[3] و داستایوفسکی[4] نیز رمان‌های خود را که به ظاهر شرح زندگی گروه‌هایی از مردم جهان است، سرشار از عبارات درباره «مرگ» کرده‌اند.

فلاسفه اسلامی نیز تعبیرهای متفاوتی از مرگ ارائه کرده‌اند. بوعلی‌سینا می‌گوید: مرگ بیش از این نیست که نفس آدمی آلات و ابزار خود را که به کار می‌گرفت، ترک کند و منظور از آلات، همان اعضا و جوارحی است که مجموع آنها را بدن نامند.

ملاصدرا، فیلسوف و حکیم حکمت متعالیه مبنای جدیدی را درباره مرگ ابداع کرد. او در یک تعریف کوتاه می‌گوید: مرگ یعنی تکامل روح یا نفس انسانی و بی‌نیازی آن به بدن و خروج آن از بدن به دلیل بی‌نیازی و کمال. ملاصدرا بیان می‌دارد: مرگ مفارقت روح از بدن است و نفس، در حرکت جوهری به مرحله‌ای می‌رسد که دیگر نیازی به آلات و ابزار تن ندارد. بدن، به منزله کشتی است که نفس سوار آن شده تا در سفر به سوی خدا در خشکی اجسام و دریای ارواح از آن کمک بگیرد و وقتی از این مرحله گذشت، دیگر نیازی به این بدن ندارد و بدین جهت است که موت عارض می‌شود و سبب عروض مرگ، پایان یافتن قوای طبیعی یا تمام شدن حرارت غریزی یا چیزهای دیگری که اطبا می‌پندارند نیست، بلکه مرگ امری طبیعی برای نفس است و چنین امری، مایه خیر و کمال است و چیزی که مایه خیر و کمال نفس است، حق اوست. پس مرگ حق اوست.

روشن است که مفاهیمی که در اندیشه اسلامی برای مرگ ارائه شده به هیچ‌وجه با معنای زیست‌شناسی مرگ سازگاری ندارد. اگر مرگ را به معنای تعطیل شدن تحریکات قوای ادراکی و حسّی بدانیم، مرگ چیزی جز «فقدان» نخواهد بود، چرا که با مرگ تمام اندام و اعضای بدنِ آدمی از جنبش و حرکت باز می‌ایستد و دیگر قدرتی برای حرکت دادن دست و پا و چشم و ... برای او نمی‌ماند و این چیزی جز عدم و فنا نخواهد بود، پس موت و مرگ از این مَنظر، امری عدمی است و پایان حیات انسان محسوب می‌شود. امّا از مَنظری دیگر مرگ یک نوع انتقال به جهان دیگر است که در این صورت مرگ امری وجودی خواهد بود، چرا که آدمی به حیات خود در جهان دیگری ادامه

---

[1] Jean-Paul Charles Aymard Sartre
[2] Albert Camus
[3] Leo Tolstoy
[4] Fyodor Dostoyevsky

می‌دهد، البته با خصوصیاتی متفاوت با جهان مادی. لذا قرآن کریم فرشتگانی را برای مرگ انسان مأمور می‌کند تا این امر وجودی را تحقق ببخشند. همان گونه که فرشتگانی مأمور رساندن وحی به پیامبران‌اند، فرشتگانی هم مأمور قبض روح انسان هستند. در حقیقت فرشتگان کارگزاران پروردگارند. در یک مرحله حیات را به انسان می‌دهند که امری است وجودی و در مرحله‌ی دیگر ممات و مرگ را برای انسان رقم می زنند که باز هم امری است وجودی.[1]

پیامبر عظیم‌الشان اسلام (ص) در این باره می‌فرماید: شما برای فنا آفریده نشده‌اید، بلکه برای بقا آفریده شده‌اید و تنها از خانه‌ای به خانه دیگر می‌روید. و امام حسین (ع) در بیانی زیبا، مرگ را به پل و گذرگاه تشبیه می‌فرمایند که انسان مؤمن به واسطه آن از آلام و سختی‌ها عبور می‌نماید و وارد جنت واسعه می‌شود.[2]

بنابراین از دیدگاه اندیشه اسلامی، مرگ نه تنها گذرگاه جهان غیب است بلکه جلوه حتمی رحمت خداوند است که بدون استثنا همه را به آغوش خود فرا می‌خواند و شامل حال همه اجزای هستی از جمله انسان‌ها می‌شود و آنها را در بر می‌گیرد. پیامبر گرامی اسلام(ص)، زندگی دنیا را خواب و مرگ را بیداری نامیده است. یعنی مرگ دریچه‌ای است برای خروج از عالم خیال و ورود به جهان حقیقت و واقعیت. در این اندیشه مرگ از زندگی جدا نیست. شناخت مرگ ملازم شناخت حقیقت زندگی است. مرگ و زندگی دو روی سکه حیات بشری است که یکی بدون دیگری معنا ندارد. نه تنها برای توصیف مرگ باید ابتدا معنای زندگی را درک نمود تا بتوان آن را توضیح داد، بلکه مهم‌تر از آن اینکه بدون تصور مرگ هم زندگی بی معناست. عصاره زندگی از دو عنصر آمدن (به دنیا) و رفتن (از دنیا) تشکیل شده است. اگر کسی یک عنصر از این ترکیب را درک نکند نمی‌تواند ادعای شناخت زندگی را داشته باشد. مرگ برای انسان سرآغاز حیاتی نو است. همان گونه که انتقال انسان از «جنین» به «عالم دنیا» تولّد و حیات جدیدی برای او محسوب می‌شود، انتقال او از حیات دنیا به آخرت نیز تولدی دیگر و سرآغاز حیاتی جدید است.[3]

در متون اسلامی، تعابیر مختلفی پیرامون مرگ و واقعیت آن به کار رفته است که هر یک گویای جهتی از حقیقت مرگ است. قرآن گاهی مرگ را فقدان حیات و آثار آن مانند شعور و اراده می‌داند.

---

[1]. سبحانی، ۱۳۶۰، ۲۱۰ - ۲۱۱
[2]. مجلسی، ۱۳۳۷، ص ۱۵۴
[3]. جوادی آملی، ۱۳۹۰، ص ۱۸۱

"وَ كُنْتُمْ اَمْواتاً فَاَحْیاکُم ثُمَّ یُمیتُکُم"،١

« و شما مردگان بودید و او شما را زنده کرد، سپس شما را می‌میراند »

از جمله تعبیرهای زیبای قرآن درباره مرگ، واژۀ تَوَفّی است.٢ توفی از مادّه وفی است و به دریافت چیزی بدون کمی و کاستی گفته می‌شود. در ١٤ آیه از آیات قرآن، این تعبیر درباره مرگ آمده است، که خود بیانگر نکات مهمی است، از جمله اینکه، «توفّی» به معنای «تمام و کمال به اختیارگرفتن یک حقیقت» است. لذا عرب این کلمه را در جایی به کار می برد که طلبکاری تمام قرض خودش را از بدهکار دریافت کند. استعمال این کلمه برای مرگ بدین معناست که حقیقت انسان به تمام و کمال دریافت می‌شود و به سرای آخرت منتقل می‌گردد و چیزی از آن پراکنده و گم نمی‌گردد. از طرفی حقیقت انسان «منِ» اوست، نه بدن مادی‌اش، چرا که با توفّی و مرگ، شخصیت و منِ حقیقی انسان به تمام و کمال دریافت می شود و بدن کم کم پوسیده و بعد پراکنده می‌شود، آنچه پوسیده نمی‌شود و از سوی مأموران الهی قبض می‌گردد، بدن مادّی انسان نیست، بلکه حقیقت وجودی او است که «منِ» او وابسته به آن است و قرآن از آن به نفس و روح تعبیر می کند.٣

---

١. سوره بقره، آیه ٢٨
٢. سوره نحل، آیه ٢؛ انفال، آیه ٥٠، انعام، آیه ٦٠، زمر، آیه ٤٢
٣. جوادی آملی، ١٣٩٠، ١٨١ - ١٨٢

الف- انواع مرگ

در فرهنگ قرآنی، دو دسته مرگ مورد شناسایی قرار گرفته است که از آن به اجل مسمی و اجل معلق یاد شده است. اجل مسمی شاید تا اندازه‌ای شبیه همان مرگ طبیعی باشد هرچند که تفاوت‌هایی نیز میان آن دو می‌توان قائل شد. اجل معلق نیز شباهت‌هایی با مرگ ناگهانی دارد. البته بهتر است که از اجل معلق به مرگ زود هنگام یاد شود.

مرگ زود هنگام یا مرگ ناگهانی و یا همان اجل معلق می‌تواند ارتباط تنگاتنگی با رفتارهای انسان داشته باشد. از این رو ارتباط گناهان با مرگ زودهنگام و ناگهانی و نیز اجل معلق در آیات و روایات مورد توجه واقع شده است. براین اساس سخن گفتن از «مرگِ گناهی» و «گناهان مرگ آفرین»، در روایات امری طبیعی جلوه داده شده است. خداوند در آیات ۳ و ٤ سوره نوح، عبادت گریزی و بی تقوایی و اطاعت نکردن از پیامبر الهی را موجب مرگ، پیش از رسیدن اجل مسمی معرفی می کند. به این معنا که امور سه گانه: ترکِ عبادت، بی‌تقوایی و عدم اطاعت از پیامبران می تواند مرگ طبیعی آدمی را پیش اندازد.

از منظری دیگر می‌توان گفت همان‌گونه که حیات دارای مراتب و یا مصادیق گوناگون است، مرگ یا موت نیز مصادیق مختلف دارد:

" انواع الموت بحسب انواع الحیاه: فالاول ما هو بازاء القوه النامیه الموجوده فی الانسان و الحیوان و النبات؛ الثانی زوال القوه الحاسه؛ الثالث زوال القوه و هی الجهاله"[1]

«انواع مرگ بر حسب انواع حیات: اول مرگ نباتی، که همان از کار افتادن قوه نباتیه و آثار آن چون رشد و نمو در انسان، حیوانات و گیاهان است، دوم مرگ حیوانی، که از کار افتادن قوای حیوانی و آثار آن مانند زوال ادراکات حسی، وهمی و خیالی است و بالاخره مرگ انسانی، که همان جهالت و عدم ترتب آثار قوه عقلانی است.»

بر این اساس، هر گاه فرد یا جامعه‌ای فاقد صفات و ارزش‌های عقلانی باشد، فاقد حیات انسانی بوده و مرده است. در واقع از این نگاه، مبنای مرگ و زندگی تداوم نفس کشیدن نیست. چرا که زندگی و مرگ ظاهری دارد و باطنی.

---

[1]. قرشی بنابی، راغب، ۱۳۷۷ ص ٤۷٦

افراد فاقد ارزش‌ها و معیارهای عقلانی به نوعی مرگ‌شان رسیده گرچه که روی زمین خدا راه می‌روند. در روایات و قرآن کریم گفتارهای دیگری مؤید این معناست. آنجا که برخی زندگان را مرده تلقی می‌کند:

" وَ مِنْهُمْ تَارِكٌ لِإِنْكَارِ الْمُنْكَرِ بِلِسَانِهِ وَ قَلْبِهِ وَ یَدِهِ فَذَلِكَ مَیِّتُ الْأَحْیَاءِ"[1]

« و بعضی با دست و زبان و دل کار زشت زشت را انکار نمی‌کنند که اینها مردگانی بین زنده‌ها هستند »

و بر عکس آنجا که در مورد شهدا می‌فرماید:

"وَ لَا تَحْسَبَنَّ الَّذِینَ قُتِلُوا فِی سَبِیلِ اللَّهِ أَمْوَاتاً بَلْ أَحْیَاءٌ عِنْدَ رَبِّهِمْ یُرْزَقُونَ"[2]

ب- مفهوم مرگ‌اندیشی

یکی از معانی که در نگاه اول از مفهوم مرگ‌اندیشی به ذهن متبادر می‌شود، اندیشیدن به حوادث لحظه وقوع مرگ و مساله‌ی عوالم بعد از آن و بحث از عذاب و ثواب می‌باشد. اگر چه این امور نیز در جای خود مهم و قابل تامل‌اند، اما الزاماً تامل در باب مرگ به آن مسائل اندیشید و یاد مرگ را با آن گونه مقولات در هم آمیخت. این دو بحث می‌توانند کاملا مستقل از یکدیگر مطرح شوند و در عین حال مفید نیز واقع گردند.[3] مراد نگارنده از مرگ‌اندیشی همان معنای ذکرالموت یا یادکرد مرگ و اندیشیدن به آن است که در بسیاری از روایات و احادیث نیز بدان توصیه شده و تدارک ره‌توشه برای پس از آن را در پی دارد. مرگ‌اندیشی گاهی مترادف با مرگ‌آگاهی نیز به کار می‌رود و بعضی آن را مرحله‌ای بالاتر از مرگ‌آگاهی می‌دانند و معتقدند مرگ‌اندیشی حاصل مرگ‌آگاهی است. مرگ‌اندیشی به نوعی در همه آدمیان وجود دارد اما بیشتر اوقات مورد غفلت واقع می‌شود و این غفلت است که باعث بی‌خاصیت شدن و عدم کارایی آن در زندگی افراد می‌شود. بی‌تردید اگر آدمی به چنین آگاهی متذکر باشد، آثار آن را در

---

1. نهج‌البلاغه، قصار ۳۷٤
2. سوره آل عمران، آیه ۱۶۹
3. سروش، ۱۳۷۷، ۲۲۸

زندگی‌اش شاهد خواهد بود. البته آدمیان در اندیشیدن و مواجهه با این پدیده در یک سطح قرار نگرفته‌اند و یکسان از درجات آن برخوردار نیستند.

در روایات دینی مرگ‌اندیشی همواره یکی از نشانه‌های مومن بودن معرفی شده در حالیکه در اندیشه مدرن مرگ نه تنها فراموش می‌شود بلکه می‌میرد! انسان درانبوهی از تبلیغات که حاصل حاکمیت رسانه‌هاست گم می‌شود و سرمایه‌داری هنری را خلق می‌کند که انسان را در «حال» غرق نموده و او را از ریشه خود منقطع و بدون هیچ نگاهی به گذشته و یا چشم انداز آرمانی برای فرجام زندگی این دنیایی او را رها و تنها می‌گذارد. در اندیشه مدرن تنها انسان با «نیازهای هرم مازلو» مفهوم پیدا می‌کند.

در میان متفکران اسلامی علامه محمدتقی جعفری از جمله شخصیت‌هایی است که تأملات بسیاری در باب مرگ و یاد مرگ دارد. او معتقد است برداشت‌های مختلفی که از مرگ و یاد آن وجود دارد در نوع تلقی آدمی از معنای زندگی و فلسفه آفرینش ریشه دارد و معتقد است بدون دستیابی به فلسفه حیات نمی‌توان برداشت درستی از مرگ داشت. علامه جعفری میان معنای زندگی و مرگ رابطه عمیقی برقرار می‌سازد و گوش‌سپاری به مرگ و برقراری رابطه مثبت با آن را، فرع بر نوع نگاه به عالم و آدم می‌داند. به باور او، گوش‌فرا دادن به ندای مرگ سبب می‌شود تا آدمی اصالت پیدا کند. در همین جاست که وی هماهنگ با فیلسوفان اگزیستانس به ویژه هایدگر[1]، توجه جدی به مرگ را در ارتباط با اصالت آدمی می‌داند.

هایدگر، معتقد است انسان (دازاین) می‌میرد و به این مقوله (مردن) آگاهی دارد و این از تفاوت‌های دازاین با حیوانات دیگر است چرا که حیوانات تا زمانی که به پایان خود می‌رسند از مردن خود آگاهی ندارند، اما این دازاین است که مرگ آگاه است. هایدگر به جای کاربرد کلمه انسان از «دازاین» استفاده می‌کند چرا که انسان‌شناسی او متفاوت و بلکه مغایر با انسان‌شناسی غرب و مدرنیته است. این کلمه مرکب از دو کلمه "دا" و "زاین" به معنی آنجابودگی است. دازاین هم می‌تواند اصیل باشد هم ناصیل! دازاین اصیل «هستی» را فراموش نمی‌کند و به خود نه به عنوان فاعل شناسا بلکه به عنوان «هستنده‌ای در هستی» می‌نگرد. او همواره به خود یادآور می‌شود که ارباب طبیعت نیست بلکه شبان وجود است. او از حوزه اختیارات و قدرت و امکانات و البته محدودیت‌های خود با خبر است و از این

---

[1] Martin Heidegger

جهت است که باید مراقب باشد و خود را به زندگی نااصیل نسپارد. زندگی که در آن «هستی» فراموش شده و انسان از خود نیز غفلت می کند و تابع حکم «هرکس» و «همه‌کس» درجهان معطوف به قدرت می‌شود. در چنین ساحتی دازاین دچار روزمرگی و تکنولوژی و برنامه است! اما دازاین اصیل به گذشته نظر دارد و تفکرپیشه است و همین راهگشای او به سوی آینده است و او را از متناهی بودن «وجودش» آگاه می‌کند. اینجاست که مرغ مرگ اندیش به سراغ دازاین می‌آید و نغمه مرگ را در گوش او می‌خواند و در ساحتی قرار می‌دهد که به نوعی «آگاهی» می رساند آگاهی از این که دازاین مرزی دارد و مرگ بسیاری از امکانات هستی او را از او باز می ستاند. مرگ‌اندیشی به زندگی دازاین جهت میدهد و همواره متذکر اوست که چگونه رفتار کند. مرگ حقیقتی است که به انسان دروغ نمی‌گوید و از آن می‌توان به عنوان قطعی‌ترین امری یاد کرد که انسان را یارای فرار از آن نیست! این حقیقت بزرگ انسان را به اندیشیدن وامی‌دارد و آگاهی را به بار می‌آورد که نتیجه آن «مرگ آگاهی» است.

پس دازاین به واسطه رویارویی با مرگ و اندیشیدن به آن، به ساحتی از آگاهی می رسد که از آن به عنوان مرگ آگاهی یاد می‌شود و انسان با تذکر به این حقیقت می‌میرد. در نظر او دازاین تنها با مرگ است که «هستی غیراصیلش» به ساحت «اصیل» در می‌آید. در اندیشه هایدگر مرگ در هر لحظه ممکن است انسان را فرا گیرد و بالطبع می‌توان او را مرغ مرگ‌اندیش خطاب کرد و مرگ‌اندیشی را از محوری‌ترین موضوع های مورد نظر وی بشمار آورد.

هر چند دیدگاه هایدگر با دیدگاه الهیون متفاوت است و وی مرگ را حد پایانی زندگی می‌داند، نه همچون الهیون معبری برای ورود به سرایی دیگر و حتی اعتقادات وی به «مرگ اندیشی» و تقدس‌بخشی به مرگ (خودآگاه یا ناخودآگاه)، خوراک ایدئولوژیکی لازم برای قدرت‌مداران نازی را فراهم آورد، لیکن در اندیشه او نیز از مرگ‌اندیشی به عنوان یک صفت ویژه که می‌تواند انسان را به اصالت واقعی خود رهنمون نماید.[1]

در فصل بعد با توجه به آموزه‌های دینی به‌ویژه نهج‌البلاغه به این موضوع اشاره می شود که مرگ‌اندیشی ابزاری برای اصلاح و تعدیل امور زندگی دنیوی و سامان بخشیدن به آن است و نباید با فکر آخرت حیات دنیوی را نادیده گرفت یا دنیا را جانشین آخرت ساخت، بلکه باید این دو را در ارتباط و در امتداد یکدیگر دانست. دنیا را تا آنجا که به سعادت آخرت آسیب نزند باید داشت و با این اندیشه لذت‌های زندگی مادی نفی نمی شود، بلکه آنها را اصیل و

---

[1]. اسلامی اردکانی، 1382

مستقل نمی‌داند. زندگی برای همه جانداران و بخصوص برای انسان زیبا و دوست داشتنی است. نگاه به زندگی در پرتو مرگ اندیشی تعادل میان لذت‌های حیات دنیوی و اخروی را برقرار می‌کند.

فصل دوم :

سبک زندگی در پرتو مرگ اندیشی

در سال‌های اخیر پژوهش‌های مختلفی با محوریت موضوع «سبک زندگی» انجام گرفته است و کتاب‌های ارزشمندی نیز در این ارتباط با این موضوع تدوین و به چاپ رسیده است، مانند «دین و سبک زندگی»، «سبک زندگی اسلامی و ابزار سنجش آن» و «آداب و سبک زندگی اسلامی» و در بعضی از آن‌ها به مسئله سبک زندگی، سبک زندگی دینی و سبک زندگی اسلامی به خوبی پرداخته شده است. همچنین پژوهش‌های مختلفی با محوریت موضوع «مرگ‌اندیشی و اثرات تربیتی آن» با استفاده از کتاب شریف نهج‌البلاغه و احادیث و سخنان گهربار حضرت علی(ع) صورت گرفته که با توجه به اهمیت هر یک از دو موضوع «مرگ‌اندیشی» و «سبک زندگی» به‌طور جداگانه و همچنین آثار و نتایج به دست آمده از آن‌ها، نگارنده را بر آن داشت که با بهره‌گیری از آموزه‌های ارزشمند نهج‌البلاغه، موضوع نو و بدیع «سبک زندگی متعالی در پرتو مرگ‌اندیشی» را سامان داده و آن را مورد پژوهش قرار دهد.

با مروری بر نتایج پژوهش‌های مذکور به سادگی می‌توان دریافت که یادکرد مرگ یا ذکرالموت به صورت آگاهانه، نه منفعلانه، می‌تواند نتایج و آثار شگرفی در زندگی انسان داشته و رهاوردهای مبارکی برای او به همراه آورد. در پرتو مرگ‌اندیشی که حکایت از نگاه به دور و ژرف‌نگری انسان دارد، هر لحظه از زندگی معنادار می‌شود و این معنا، بطور مستقیم نگرش‌های کلی حاکم بر زندگی انسان را تحت تاثیر خود قرار می‌دهد. از طرفی گفته شد این نگرش‌ها هستند که اساس سبک زندگی انسان را شکل می‌دهند. بنابراین همه مولفه‌ها و عناصر سبک زندگی می‌تواند متاثر از مرگ‌اندیشی باشد، که در این فصل به بررسی تاثیر آن بر نگرش‌های کلی انسان و به‌طور کلی بر سبک زندگی پرداخته خواهد شد.

1- تاثیر مرگ‌اندیشی بر نگرش‌های کلی انسان

با توجه به مدلی که از درخت تجویزی سبک زندگی اسلامی و اجزای آن در فصل قبل ارائه شد، نگرش‌های کلی حاکم بر زندگی انسان، که بدنه اصلی این درخت یا ساقه آن را تشکیل و تعاملات انسان را تحت تاثیر قرار می‌دهد، شش دسته را شامل می‌شد. از طرفی اکثر نظریه‌پردازان چهار نوع تعامل انسان با خود، با خدا، با هستی و با دیگران

که تحت تاثیر نگرش‌های کلی انسان قرار دارد را تعریف کرده‌اند. لذا در این پژوهش نیز تاثیر مرگ‌اندیشی بر نگرش چهارگانه به خود، به خدا، به هستی و به دیگران مورد توجه قرار گرفته است.

الف- تاثیر مرگ‌اندیشی بر «نگرشِ به خود»

مرگ و حیات از مهم‌ترین دغدغه‌ها و پرسش‌های بشر در طول تاریخ بوده که همواره به دنبال درک چیستی و چرایی آن و رابطه آن با خود بوده است. در واقع یکی از رسالت‌های پیامبران این است که مردم را نسبت به چیستی و چگونگی مرگ آگاه سازند. یعنی این پدیده که در میان مردم مغفول مانده را برجسته ساخته و یاد آن را توصیف کنند تا آنان در این آیینه خود را بنگرند و بشناسند. انسان در آیینه مرگ بهتر می‌تواند خود را ببیند. مولوی در مثنوی، داستان قوم صبا را نقل می‌کند. این قوم به پیامبرانشان می‌گویند ما پیش از آنکه شما بیایید، در ناز و نعمت بسر می‌بردیم و از این دغدغه‌ها فارغ و غافل بودیم. اما اکنون بواسطه‌ی پیام شما "مرغ مرگ‌اندیش" شده‌ایم.

مرغ مرگ اندیش گشتیم از شما[1]   طوطی نقل و شکر بودیم ما

به یقین یاد مرگ و توجه به آن می‌تواند در نگرش انسان به خود تاثیر بسزایی داشته و در نتیجه آن اعمال و رفتار و برنامه‌ریزی‌های زندگی را تحت تاثیر خود قرار دهد.

- ایجاد هوشمندی و پختگی (زیرکی)

غفلت یکی از پرهزینه‌ترین آفات حیات معنوی انسان است که آدمی را فروتر از چهارپایان می‌کند. از طرف دیگر آدمی نیز از لحاظ طبیعت (نه فطرت) مستعدّ غفلت است. بنابر روایات می‌توان مرگ‌اندیشی را به عنوان یکی از عوامل موثر در پیشگیری از این آفت به شمار آورد. حضرت علی(ع) در این زمینه ضمن اینکه هشدار می‌دهند که

---

[1]. مثنوی، دفتر سوم، بیت 12951

نباید پنداشت که غفلت در این دنیا یک امر عادی است، با اندیشیدن به جهان دیگر و دست یافتن به حکمت و معرفت در پیشگیری از غفلت تاکید می‌نمایند و می‌فرمایند:

"فَاتَّقَى عَبْدٌ رَبَّهُ نَصَحَ نَفْسَهُ وَ قَدَّمَ تَوْبَتَهُ وَ غَلَبَ شَهْوَتَهُ فَإِنَّ أَجَلَهُ مَسْتُورٌ عَنْهُ وَ أَمَلَهُ خَادِعٌ لَهُ وَ الشَّيْطَانُ مُوَكَّلٌ بِهِ يُزَيِّنُ لَهُ الْمَعْصِيَةَ لِيَرْكَبَهَا وَ يُمَنِّيهِ التَّوْبَةَ لِيُسَوِّفَهَا إِذَا هَجَمَتْ مَنِيَّتُهُ عَلَيْهِ أَغْفَلَ مَا يَكُونُ عَنْهَا فَيَا لَهَا حَسْرَةً عَلَى كُلِّ ذِي غَفْلَةٍ أَنْ يَكُونَ عُمُرُهُ عَلَيْهِ حُجَّةً"[1]

« پس بنده باید از خدای خویش پروا داشته باشد، خیرخواه خود بوده و قبل از رسیدن مرگ توبه کند. بر شهوت خود چیره شود و آن را به حال خود نگذارد زیرا که مرگ پنهان است و آرزوهایش او را فریب می‌دهند. و شیطان با او همراه بوده، معصیت را برای او آرایش می‌دهد تا بر او سوار شود. تا آنجا که وی را وادار می‌کند توبه‌اش را به عقب اندازد و در حالی که در خواب سنگین غفلت به سر می‌برد ناگهان گرفتار چنگال مرگ می‌گردد. ای وای و حسرت بر آن انسان غفلت زده‌ای که عمرش برای او دلیل و حجت است »

در روایت دیگری نقل شده که کسانی نزد پیامبر (ص) بودند و از کسی به نیکویی نام می‌بردند پیامبر پرسیدند این دوست که تا این حد مورد ستایش‌تان است، چقدر از مرگ یاد می‌کند؟ گفتند تا کنون سخنی از او نشنیده‌ایم، ایشان فرمودند بنابراین او و آن‌گونه که شما از وی ستایش می‌کنید، نیست. چرا که یاد مرگ یکی از ارکان رشد شخصیت آدمی است و اگر کسی از آن امر غفلت ورزد، و به ظاهر صاحب مکارم اخلاقی نیز باشد، هنوز خامی‌هایی در وی باقی مانده است و این خامی‌ها در اثر یاد مرگ به پختگی تبدیل می‌شود.

در همین در جلد هشتم المحجه البیضاء، کتاب ذکر الموت آمده است از پیامبر سوال شد: أَيُّ الْمُؤْمِنِينَ أَكْيَسُ؟ زیرک‌ترین مؤمن‌ها کیست؟ فرمودند: " أَكْيَسُ النَّاسِ أَكْثَرُهُمْ ذِكْرَ الْمَوْتِ وَ أَشَدُّهُمْ اسْتِعْدَاداً لَهُ " «زیرک ترین مردم کسی است که بیش از همه یاد مرگ می‌کند و بیش از همه خود را برای این سفر آماده می‌نماید»

---

[1]. نهج‌البلاغه، خطبه ٦٤

رسول گرامی در این گفتار، آمادگی برای سفر مرگ را یادآوری می‌فرمایند. هر کس به سفر و حیات آخرت معتقد است نمی‌تواند از یاد مرگ غافل باشد. به بیان دیگر، زیرکی باید عینی باشد و معلوم گردد که زیرک بودن در گرو یادآوری مرگ است.

انسان هوشمند که به خود می‌اندیشد و در زندگی خود تفکر می‌کند، نمی‌تواند از این حادثه‌ی بسیار مهم چشم‌پوشی کند و نسبت به آن بی‌اعتنا و بی‌تفاوت باشد. غافلان از مرگ در واقع سفیهان‌اند ولو این که به حسب ظاهر، عاقل جلوه کنند. بلاهت بسیاری می‌خواهد که کسی از این حادثه عظیم و منحصر به فرد و زیر و رو کننده زندگی خود غافل بماند و دل مشغول حوادث بسیار کوچک‌تر در زندگی باشد.[1]

- تسلط بر نفس و کسب آرامش درونی

امیر مومنان در نامه‌ی خود به فرزندشان امام حسن نکات ارزشمندی در باب زنده کردن و آبادسازی دل و روشن کردن آن به نور حکمت بیان فرموده و در ادامه گذشت روزگار و تاثیر توجه به آن، و به یاد مرگ را یادآوری نموده‌اند:

" أَحْیِ قَلْبَکَ بِالْمَوْعِظَةِ وَ أَمِتْهُ بِالزَّهَادَةِ وَ قَوِّهِ بِالْیَقِینِ وَ نَوِّرْهُ بِالْحِکْمَةِ وَ ذَلِّلْهُ بِذِکْرِ الْمَوْتِ وَ قَرِّرْهُ بِالْفَنَاءِ وَ بَصِّرْهُ فَجَائِعَ الدُّنْیَا وَ حَذِّرْهُ صَوْلَةَ الدَّهْرِ وَ فُحْشَ تَقَلُّبِ اللَّیَالِی وَ الْأَیَّامِ وَ اعْرِضْ عَلَیْهِ أَخْبَارَ الْمَاضِینَ وَ ذَکِّرْهُ بِمَا أَصَابَ مَنْ کَانَ قَبْلَکَ مِنَ الْأَوَّلِینَ وَ سِرْ فِی دِیَارِهِمْ وَ آثَارِهِمْ فَانْظُرْ فِیمَا فَعَلُوا وَ عَمَّا انْتَقَلُوا وَ أَیْنَ حَلُّوا وَ نَزَلُوا فَإِنَّکَ تَجِدُهُمْ قَدِ انْتَقَلُوا عَنِ الْأَحِبَّةِ وَ حَلُّوا دَارَ الْغُرْبَةِ وَ کَأَنَّکَ عَنْ قَلِیلٍ قَدْ صِرْتَ کَأَحَدِهِمْ فَأَصْلِحْ مَثْوَاکَ وَ لَا تَبِعْ آخِرَتَکَ بِدُنْیَاکَ "[2]

« دلت را با اندرز نیکو زنده کن، هوای نفس را با بی اعتنایی به حرام بمیران، جان را با یقین نیرومند کن، و با نور حکمت روشنائی بخش، و با یاد مرگ آرام کن، به نابودی از او اعتراف گیر، و با بررسی تحولات ناگوار دنیا به او آگاهی بخش، و از دگرگونی روزگار و زشتی‌های گردش شب و روز او را بترسان، تاریخ گذشتگان را بر او بنما، و آنچه که بر سر پیشینیان آمده است به یادش آور. در دیار و آثار ویران رفتگان گردش کن، و بیندیش که آنها چه

---

[1]. سروش، 1379، 285
[2]. نهج‌البلاغه، نامه 31

کردند از کجا کوچ کرده، و در کجا فرود آمدند از جمع دوستان جدا شده و به دیار غربت سفر کردند، گویا زمانی نمی‌گذرد که تو هم یکی از آنانی. پس جایگاه آینده را آباد کن، آخرت را به دنیا مفروش و آنچه نمی‌دانی مگو»

طبق فرموده حضرت دل با نور حکمت روشن و نفس با یاد مرگ رام می‌شود. آن‌گاه که هوای نفس او را به زندگی دنیا وعده می‌دهد، یاد مرگ هشدار می‌دهد که رام او نیست و جاهایی باید سر به خاک ذلت نهاد. این ذلت پذیری، خویشتن داری و تسلط بر نفس می‌آورد و در نهایت انسان را متعادل و موزون می‌نماید. البته کسی که این ذلت را می‌پذیرد، ضعف ندارد بلکه از تسلط به نفس و آرامش درونی او است. مرگ‌اندیشی از این منظر می‌تواند مرگ ارادیِ خواهش‌های انسان را به دنبال داشته باشد. مرگ ارادی یعنی آدمی بر پایه‌ی مرگ‌اندیشی نگرش و معرفتی به نفس خود پیدا می‌کند که بر خودبینی و عنانیت چیره می‌شود و نفس را با اطمینان مهار کرده یا میرانده تا به تهذیب روح و صفای باطن و در واقع به حیات واقعی برسد. گفتار "مُوتُوا قَبلَ اَن تَمُوتُوا" نیز به همین مطلب اشاره دارد.

یعنی در این زندگی می‌توان تمرین مرگ کرد. این مردن اختیاریست و عبارت از همان ترک تعلقات و تسلط بر نفس است. این تمرین مرگ، پذیرش مرگ طبیعی و حتمی را هم آسان می‌سازد. توبه کردن هم نوعی مرگ‌آزمایی است. انسانی که همواره از خطاهای خود توبه می‌کند مرتباً از پلیدی می‌میرد و زنده می‌شود به پاکی و با این مرگ و حیات دائماً از نردبان کمال بالاتر می‌رود.[1]

از دید عرفا هم عاشقی تمرین مردن است

جمله معشوق است و عاشق پرده‌ای   زنده معشوق است و عاشق مرده‌ای[2]

آخرین گام عاشقی مردن است و این همان تعلیم اساسی عارفان است. در اینجا ذکر نکته ظریفی خالی از لطف نیست و آن اینکه، حضرت علی(ع) به دو چیز در باب نرم کردن دل، اشاره نموده‌اند: یکی در همین نامه که در ابتدا به آن اشاره شد که می‌فرماید "اَحْیِ قَلْبَکَ... وَ ذَلِّلْهُ بِذِکْرِ الْمَوْتِ" و دل خودت را با «یاد مرگ» نرم کن.

---

[1]. سروش، 1376، 297
[2]. مثنوی، دفتر اول، بیت 30

و دوم آنجا که می‌فرمایند: یکی از خواص «یاد کردنِ خداوند» آن است که دل را نرم می‌کند، سرکشی‌های آنرا فرو می‌نشاند و رام می‌نماید.

"إنَّ اللَّهَ سُبْحَانَهُ وَ تَعَالَى جَعَلَ الذِّكْرَ جِلَاءً لِلْقُلُوبِ تَسْمَعُ بِهِ بَعْدَ الْوَقْرَةِ وَ تُبْصِرُ بِهِ بَعْدَ الْعَشْوَةِ وَ تَنْقَادُ بِهِ بَعْدَ الْمُعَانَدَةِ"[1]

«ذکر خداوند مایه‌ی صفا و جلای دل‌هاست، گوش آدمی پس از ذکر خدا شنوا می‌شود. چشم آدمی با یاد خدا بینا می‌شود و دل سرکش و مواند با یاد پروردگار رام می‌شود»

میان یاد خداوند و یاد مرگ چه وجه مشترکی وجود دارد که حضرت علی(ع) برای انقیاد و نرم شدن دل و فرو نشاندن سرکشی‌های آن، یاد خدا و یاد مرگ را توصیه می‌نماید؟ در واقع یاد خدا و یاد مرگ را دو درمان موثر برای سرکشی‌های انسان می‌داند. واقعیت این است که افراد سرکش تمایل به خضوع و تسلیم در مقابل کسی را ندارند و دوست دارند دایره‌ی اختیارشان آنقدر وسیع باشد که هر عملی را انجام دهند. این گونه افراد اگر خداوند را حق بدانند ناچار باید سرکشی‌های خود را مهار کنند. نفس سرکش هنگامی که در یابد در این عالم، خداوند چیرگی ناپذیری حاکم است، خاضع و آرام می‌شود. علاوه بر یاد خدا، یاد مرگ نیز می‌تواند همین نقش را داشته باشد. مرگ حادثه‌ای‌ست که خواه، ناخواه برای انسان پیش می‌آید و هیچ انسانی نمی‌تواند از آن فرار کند. لذا یاد آن می‌تواند سرکشی‌های وی را مهار نماید. بدین سبب شیطان و پیروان او از خداوند و نام او دوری می‌گزینند و کمتر یاد مرگ می‌کنند.

- **برخورداری از عزت و کرامت نفس**

در بخش پیش که در باب تاثیر مرگ‌اندیشی از «تسلط بر نفس» سخن به میان آمد، اشاره شد که یاد مرگ تسلط بر نفس و شکست و سرکوب شدن «خود» را به دنبال می‌آورد. آن «خود»ی که باید آن را شکست و سرکوب کرد، همان است که موجب نفس پروری و شهوت‌پرستی می‌شود و همان طور که گفته شد، یاد مرگ مانع اهتمام به آن

---

[1]. نهج‌البلاغه، خطبه ۲۲۲

می‌شود. در عین حال، یک نوع «خود» دیگر هست که باید آن را پرورش داد و تربیت کرد و نباید گذاشت منهدم شود، که با انهدام آن، ریشه‌ی اخلاق اسلامی به کلی قطع می‌شود.[1]

اخلاقی هم که عرفا و اهل تصوف مروج آن بوده‌اند، همان مبارزه و مجاهده با نفس بوده است که اساساً از تعالیم صحیح است و با اخلاقی که در کتاب و سنت ذکر شده موافق است، ولی گاهی در آن افراط شده و منجر به تعالیمی شده که با کتاب و سنت سازگار نیست و موجب مردگی اخلاق اسلامی شده است. آن چیزی که در اسلام به معنی کرامت نفس و شرافت و عزت نفس آمده است و در حفظ آن توصیه شده است را نباید تحت عنوان مبارزه با نفس و خودخواهی و خود پرستی، نادیده گرفت.

انسان باید به گوهر روح و نفس خود توجه داشته و آن را عزیز بشمارد. اهتمام به این «خود» و عزیز داشتن آن با مبارزه کردن با آن «خود» هر دو در راستای یک هدف است. گواه این مطلب حکمتی از نهج‌البلاغه است. "مَنْ كَرُمَتْ عَلَيْهِ نَفْسُهُ هَانَتْ عَلَيْهِ شَهَوَاتُهُ"[2] یعنی هر که به بزرگواری عظمت خویش پی برد، شهوت‌هایش را خوار کرد.

کشتن این «خود» اثر مبارزه‌ی با آن «خود» را هم نیز از میان می‌برد. "مَنْ هَانَتْ عَلَيْهِ نَفْسُهُ فَلَا تَأْمَنْ شَرَّهُ"[3] آدمی که احساس شرافت و کرامت در خود نمی‌کند از شر او ایمن مباش. یعنی بترس از آدمی که خودش برای خودش قیمت ندارد، همان کسی که حفظ کرامت نفس، این سرمایه‌ی عظیم را از دست داده است.

از این‌ها صریح‌تر جمله‌ای است از کلام حضرت امیر در وصیت به امام حسن(ع): "وَ أَكْرِمْ نَفْسَكَ عَنْ كُلِّ دَنِيَّةٍ وَ إِنْ سَاقَتْكَ إِلَى الرَّغَائِبِ فَإِنَّكَ لَنْ تَعْتَاضَ بِمَا تَبْذُلُ مِنْ نَفْسِكَ عِوَضاً"[4]

نفس خود را از هر پستی گرامی دار هر چند ترا به خواسته‌هایت برساند، زیرا آنچه از نفس و جان خود بذل می‌کنی هرگز به جای خود بر نمی‌گردد. تو هرچه را از دست بدهی عوضش را به‌دست می‌آوری مگر آن مقدار که از خود از دست بدهی.

---

1. مطهری، 1372، 200
2. نهج‌البلاغه، قصار 441
3. تحف العقول، ص 512، حدیث 14
4. نهج‌البلاغه، نامه 31

از مجموع این سخنان می‌توان دریافت که یاد مرگ آدمی را در سرکوب و رام کردن «خود سرکش» یاری می‌کند، و در عین حال سبب عزت و کرامت «نفس» نیز می‌شود زیرا مرگ، همان طور که پیش از این اشاره شد آینه‌ای است که می‌توان خود را در آن شناخت و یا ارزش خود را دانست. افزون براین، و زیباتر آن‌که نه تنها عزت و کرامت نفس با یاد مرگ حاصل می‌شود بلکه بواسطه کرامت نفس، حیات آدمی در مرگ او تضمین می‌شود. جمله‌ی معروفی است در نهج‌البلاغه که حضرت ضمن خطابه‌ای به اصحابشان می‌فرمایند: "فَالْمَوْتُ فِی حَیَاتِکُمْ مَقْهُورِینَ وَ الْحَیَاةُ فِی مَوْتِکُمْ قَاهِرِینْ"[1]

«حقیقت زندگی در مرگ با عزت شماست و تن به ذلت دادن مرگ و نیستی واقعی شماست»

اینجا اساساً مسئله عزت و قاهریت و سیادت آنقدر ارزش والایی دارد که زندگی بدون آن معنی ندارد و در غیر این‌صورت مهم نیست که تن انسان روی زمین حرکت کند که آن دیگر حیات نیست. به همین تعبیر شعار معروف سیدالشهدا است که در مورد عاشورا فرمود:

"اَلْمَوتُ اُولی مِنْ رُکُوبِ العارِ"[2] «مرگ از متحمل شدن یک ننگ بهتر است»

و تعبیرات دیگری که در خلال عاشورا زیاد گفتند مانند:

«اِنّی لا اَری الْمَوتَ اِلّا السَّعادَه وَ لَا الْحَیاهَ مَعَ الظّالِمینَ اِلّا بَرَما»[3] و یا "مَوتٌ فی عِزٍّ خَیرٌ مِنْ حَیاهٍ فی ذُلّ"[4] که یعنی مردن با عزت از زندگی با ذلت بهتر است.

- کوتاه شدن آرزو ها

یکی دیگر از آفت‌هایی که آخرت را از یاد انسان می‌برد آرزوهای بلند است. امیرالمومنین در این باره می‌فرماید:

---

[1]. نهج‌البلاغه، خطبه 51
[2]. بحار الانوار، ۷۸ / ۱۲۸
[3]. سید بن طاووس، لهوف، ۶۹
[4]. بحار الانوار، ۱۹۲/۴۴

" إِنَّ أَخْوَفَ مَا أَخَافُ عَلَيْكُمْ اثْنَانِ اتِّبَاعُ الْهَوَى وَ طُولُ الْأَمَلِ فَأَمَّا اتِّبَاعُ الْهَوَى فَيَصُدُّ عَنِ الْحَقِّ وَ أَمَّا طُولُ الْأَمَلِ فَيُنْسِي الْآخِرَةَ"[1]

« من از گرفتاری شما به دو چیز بیش از هر چیز دیگر نگرانم: ۱- پیروی هوای نفس ۲- درازی آرزو، پیروی هوای نفس انسان را از راه حق باز می‌دارد و درازی آرزو باعث فراموشی آخرت می‌شود »

در اینجا حضرت نگرانی خود را از مشغول شدن به آرزوهای بلند را از آن جهت که سبب فراموشی مرگ و آخرت می‌شود، ابراز فرموده‌اند. شک نیست که هرچه آخرت را از یاد می‌برد در دین که اساسا برای تذکر آخرت آمده است، نمی‌تواند امری ممدوح باشد. اما مذمت آرزوی بلند به چه معنی است؟ آیا به معنی پیش پا را دیدن و دور اندیشی نکردن است و بدین معنی چه ملازمتی با یاد آخرت دارد؟

نداشتن آرزوهای بلند گاهی برای اذهان آشنا به برنامه‌ریزی‌های دراز مدت در عصر امروز، غیر عملی و حتی مضر به‌نظر می‌رسد. بی‌تردید کوتاه بودن آرزو را به این معنی دانستن و بر این اساس طول امل را مذمت کردن، درست نمی‌باشد. پس کوتاه کردن امل چگونه است؟ از همان کلامی که در ابتدا از امیر المومنین(ع) نقل شد که طول امل موجب نسیان آخرت می‌شود، می‌توان به معنای دقیق این مطلب نزدیک شد. به این منظور نخست باید دید که اعتقاد به آخرت شامل چه مواردی است ؟

بی‌شک از ارکان مهم تفکر اخروی یکی توجه به مرگ است و دیگری اعتقاد به مواخذه و محاسبه و خوف از آن. اولی یادآوری می‌کند که آدمی آمده است که برود، نه آنکه بماند.

"يَا بُنَيَّ أَنَّكَ إِنَّمَا خُلِقْتَ لِلْآخِرَةِ لَا لِلدُّنْيَا وَ لِلْفَنَاءِ لَا لِلْبَقَاءِ وَ لِلْمَوْتِ لَا لِلْحَيَاةِ وَ أَنَّكَ فِي قُلْعَةٍ وَ دَارِ بُلْغَةٍ وَ طَرِيقٍ إِلَى الْآخِرَةِ وَ أَنَّكَ طَرِيدُ الْمَوْتِ الَّذِي لَا يَنْجُو مِنْهُ هَارِبُهُ وَ لَا يَفُوتُهُ طَالِبُهُ وَ لَا بُدَّ أَنَّهُ مُدْرِكُهُ فَكُنْ مِنْهُ عَلَى حَذَرٍ أَنْ يُدْرِكَكَ وَ أَنْتَ عَلَى حَالٍ سَيِّئَةٍ قَدْ كُنْتَ تُحَدِّثُ نَفْسَكَ مِنْهَا بِالتَّوْبَةِ فَيَحُولَ بَيْنَكَ وَ بَيْنَ ذَلِكَ فَإِذَا أَنْتَ قَدْ أَهْلَكْتَ نَفْسَكَ"[2]

---

۱. نهج‌البلاغه، خطبه ٤٢
۲. نهج‌البلاغه، نامه ۳۱

« تو برای آخرت آفریده شدی، نه دنیا، برای رفتن از دنیا، نه پایدار ماندن در آن، نه مرگ، نه زندگی جاودانه در دنیا، که هر لحظه ممکن است از دنیا کوچ کنی، و به آخرت در آیی. و تو شکار مرگی هستی که فرار کننده آن نجاتی ندارد، و هر که را بجوید به آن می‌رسد، و سرانجام او را می‌گیرد پس، از مرگ بترس. نکند زمانی سراغ تو را گیرد که در حال گناه یا در انتظار توبه کردن باشی و مرگ مهلت ندهد و بین تو و توبه فاصله اندازد، که در این حال خود را تباه کرده‌ای »

و دومی گوید از اینجا هم که رفت رهایش نخواهند کرد. خداوند عادل و سریع‌الحساب است و از انسان برای مثقال ذره‌ای خیر و مثقال ذره‌ای شر حساب می‌کشد.

"فَمَنْ يَعْمَلْ مِثْقَالَ ذَرَّةٍ خَيْراً يَرَهُ وَ مَنْ يَعْمَلْ مِثْقَالَ ذَرَّةٍ شَرّاً يَرَهُ"[1]

بنابر این آرزوهای بلند، هم مرگ را از یاد می‌برد و هم محاسبه و مواخذه را. در این صورت انسانی که با یاد مرگ زندگی می‌کند، دیگر در این دنیا بی مبالاتی نمی‌کند. بر همین مبنا آرزوهای بلندِ مذموم را می‌توان برنامه‌ریزی‌های بلند مدتی دانست که مبالات و پروای حلال و حرام را از انسان گرفته و امر و نهی الهی را سست و انسان را بر آن می‌دارد که برای رسیدن به اهدافش جانب پرهیز و پروا را در نظر نگیرد و به هر آنچه که می‌شود چنگ بزند. با این وصف کوتاهی آرزو به هیچ وجه با برنامه‌ریزی صحیح در زندگی، ولو دراز مدت، منافات ندارد. مدت برنامه در بلندی یا کوتاهی امل دخیل نیست، مهم رعایت حرام و حلال الهی است. بنابراین هر آنچه که با یاد آخرت منافات پیدا کند و آدمی را از تذکر محاسبه و مواخذه و یاد مرگ و فنا باز دارد از طول امل است و باید آن را از برنامه زندگی حذف نمود. روشن است که آرزوهای بلند گذشته از آن‌که آدمی را وا می‌دارد که حلال و حرام را با هم بپذیرد و پروای هیچ فضیلت و رذیلت اخلاقی را نداشته باشد، کم‌کم مرگ و محاسبه‌ی آخرت را از یاد او می‌برد و آن‌ها را در چشم او کوچک می‌کند.

- **انس با مرگ، به جای ترس از مرگ**

---

[1]. سوره زلزله، آیه ۷ و ۸

بزرگان ما آنچنان با مرگ آشنا هستند که می‌گویند ای مرگ اگر نمرده‌ای مرا دریاب. این مرگ کجاست که من او را از پای درآورم؟ جهان‌بینی آن‌ها این است که مرغ باغ ملکوت‌اند و با مردن آن قفس تنگ شکسته شده و آزاد از آن به ملکوت می‌روند. امام بزرگوار در خطبه همام در وصف متقین می‌فرمایند:

"وَ لَوْ لَا الْأَجَلُ الَّذِی کَتَبَ اللَّهُ عَلَیْهِمْ لَمْ تَسْتَقِرَّ أَرْوَاحُهُمْ فِی أَجْسَادِهِمْ طَرْفَةَ عَیْنٍ شَوْقاً إِلَی الثَّوَابِ وَ خَوْفاً مِنَ الْعِقَابِ عَظُمَ الْخَالِقُ فِی أَنْفُسِهِمْ فَصَغُرَ مَا دُونَهُ فِی أَعْیُنِهِمْ"[1]

«و اگر نبود مرگی که خدا بر آنان مقدّر فرموده، روح آنان از شوق دیدار بهشت، و از ترس عذاب جهنّم حتی به اندازه چشم بر هم زدنی، در بدن‌ها قرار نمی‌گرفت. خالق چنان در دل اهل تقوا بزرگ است که هرچه غیر اوست در دیدگانشان کوچک به شمار می‌آید و نزدیک است جانشان از بدنشان جدا شود»

حضرت علی (ع) در موارد بسیار دیگر از پیوند قلبی خویش با مرگ سخن گفته است و پر واضح است که این انس در پرتو یاد مداوم و تامل در باب این مرحله حساس از حیات ایجاد می‌شود.

"وَ اللَّهِ لَابْنُ أَبِی طَالِبٍ آنَسُ بِالْمَوْتِ مِنَ الطِّفْلِ بِثَدْیِ أُمِّهِ"[2]

«به خدا سوگند انس پسر ابی طالب به مرگ بیش از انس کودک به پستان مادر است»

این انس تا بدانجا فراگیر می‌گردد که حضرت از لقای مرگ به‌سان لقای یک محبوب یاد می‌کند و با شیواترین تعبیر، تجلی مرگ‌اندیشی و انس با مرگ را نمود می‌بخشد.

"وَ إِنَّ أَحَبَّ مَا أَنَا لَاقٍ إِلَیَّ الْمَوْتُ"[3]

«آنچه از هر چیز بیشتر دوست می‌دارم ملاقات با مرگ است»

---

[1]. نهج‌البلاغه، خطبه ۱۹۳
[2]. نهج‌البلاغه، خطبه ۵
[3]. همان، خطبه ۱۸۰

ادامه‌ی همین عبارت نشان از آن دارد که این اشتیاق باید پشتوانه‌ای از آرامش درون داشته باشد که خود در سایه‌ی انجام تکلیف و وظیفه‌ی انسانی ایجاد می‌شود.

این انس و الفتی که علی بن ابی طالب (ع) با مرگ دارد، نه به‌جهت شکست خوردن او در قلمرو حیات طبیعی است و نه معلول «از خود بیگانگی»، نه برای شتاب در راه وصول به بهشت است و نه برای ترس از دوزخ، بلکه انس آن زنده حقیقی با مرگ، معلول سپری کردن دوران جنینی حیات بوده است که مرگ را مانند شیر خوش‌گوار و شربت لذت‌بخشی می‌دید که نوشیدنش ورود به مرحله ابدی حیات را اعلان می‌کرد.[1] در قرآن نیز «تمنای موت» از علائم ولایت الهی شمرده شده است:

"قُلْ يَا أَيُّهَا الَّذِينَ هَادُوا إِنْ زَعَمْتُمْ أَنَّكُمْ أَوْلِيَاءُ لِلَّهِ مِنْ دُونِ النَّاسِ فَتَمَنَّوُا الْمَوْتَ إِنْ كُنْتُمْ صَادِقِينَ وَ لَا يَتَمَنَّوْنَهُ أَبَدًا بِمَا قَدَّمَتْ أَيْدِيهِمْ وَ اللَّهُ عَلِيمٌ بِالظَّالِمِينَ"[2]

«بگو اگر شما راست می‌گویید که ولی خدا هستید تمنای مرگ بکنید ولی اینان تمنای مرگ نخواهند کرد چون می‌دانند که چه کرده‌اند»

معنی این سخن آن است که اولیای خداوند قدرت بر تمنای موت دارند. هم یاد مرگ می‌کنند و هم به استقبال آن می‌روند. در واقع قدرت روحی دارند که آن‌ها را آماده‌ی این تمنا و استقبال می‌کند.

ب- تاثیر مرگ‌اندیشی بر «نگرشِ به دیگران»

در اسلام در باره‌ی زندگی اجتماعی، اهمیت و نحوه ارتباط با مردم، فراوان صحبت به میان آمده که ذکر همه آنها در این مجال نمی‌گنجد. در اینجا با توجه به اینکه تغییر نگرش انسان به مردم در اثر مرگ‌اندیشی و یادکرد مرگ مورد نظر است، صرفاً به آن دسته از روابط و تعامل‌های اجتماعی انسان اشاره می‌شود که منبعث از این نگرش است تبیین

---

[1]. جعفری، ۱۳۷۵، ۱۲۰
[2]. سوره جمعه، آیه ۶ و ۷

این نگرش، خود بخود می‌تواند اذهان را به سمت شناخت رفتارها و تعامل‌های اجتماعیِ متناظر مانند حسن معاشرت، صله رحم و مهرورزی نسبت به مردم رهنمون نماید.

- اخوت و برادری

تعاملات اجتماعی و حسن معاشرت با مردم در نظر حضرت امیر از جایگاهی ویژه‌ای برخوردار است و غفلت از یاد مرگ، آرزوهای دروغ، بدی باطن و درون پلید می‌تواند آن را خدشه‌دار کرده و بین آدمی و دیگران جدایی افکند. ایشان این امر را خسرانی به مراتب عظیم‌تر، در مقابل از دست رفتن سایر امور دنیوی می‌دانند. کوتاه سخن آن که گویی اگر آدمی یاد مرگ را فراموش نکند، رفتارش با دیگران برادرانه خواهد بود:

"قَدْ غَابَ عَنْ قُلُوبِكُمْ ذِكْرُ الْآجَالِ وَ حَضَرَتْكُمْ كَوَاذِبُ الْآمَالِ فَصَارَتِ الدُّنْيَا أَمْلَكَ بِكُمْ مِنَ الْآخِرَةِ وَ الْعَاجِلَةُ أَذْهَبَ بِكُمْ مِنَ الْآجِلَةِ وَ إِنَّمَا أَنْتُمْ إِخْوَانٌ عَلَى دِينِ اللَّهِ مَا فَرَّقَ بَيْنَكُمْ إِلَّا خُبْثُ السَّرَائِرِ وَ سُوءُ الضَّمَائِرِ فَلَا تَوَازَرُونَ وَ لَا تَنَاصَحُونَ وَ لَا تَبَاذَلُونَ وَ لَا تَوَادُّونَ مَا بَالُكُمْ تَفْرَحُونَ بِالْيَسِيرِ مِنَ الدُّنْيَا تُدْرِكُونَهُ وَ لَا يَحْزُنُكُمُ الْكَثِيرُ مِنَ الْآخِرَةِ تُحْرَمُونَهُ"[1]

« یاد مرگ در دل‌های شما نیست، آرزوهای دروغ وجودتان را پر کرده، در نتیجه دنیا از آخرت بر شما بیشتر مسلط شده است. همانا شما برادران ایمانی یکدیگر هستید، چیزی بین شما جدایی نینداخته جز بدی باطن و درون پلیدی که دارید. نه به هم کمک می‌کنید و نه خیرخواه همدیگر هستید، نه به یکدیگر چیزی می‌بخشید و نه با هم پیوند دوستی برقرار می‌سازید. این چه حسابی است که به کم دنیا که به دست می‌آورید خوشحال می‌شوید، ولی وقتی چیزهای فراوانی از آخرت از دستتان می‌رود اندوهناک نمی‌گردید »

امام علی(ع) در جای دیگر یک دستور کلی برای زندگی در کنار دیگران و تعامل با دیگران ارائه فرموده‌اند که به نوعی در بردارنده یاد مرگ نیز هست.

---

[1]. نهج‌البلاغه، خطبه ۱۱۳

"خَالِطُوا النَّاسَ مُخَالَطَةً إِنْ مِتُّمْ مَعَهَا بَكَوْا عَلَيْكُمْ وَ إِنْ عِشْتُمْ حَنُّوا إِلَيْكُمْ"[1]

« چنان با مردم رفتار کن که اگر مردید بر شما بگریند و اگر زنده ماندید، با اشتیاق با شما معاشرت نمایند »

و ضمن یادآوری اینکه همه موجودات به سوی مرگ می‌روند، رقابت و مسابقه بر سر دنیا و ناز نعمت آن را نهی می‌فرمایند. مردم از این منظر، برادر دینی هستند که رقابت آنان بر سر ناز و نعمت دنیا نیست.

"فَلَا تَنَافَسُوا فِی عِزِّ الدُّنْیَا وَ فَخْرِهَا وَ لَا تَعْجَبُوا بِزِینَتِهَا وَ نَعِیمِهَا وَ لَا تَجْزَعُوا مِنْ ضَرَّائِهَا وَ بُؤْسِهَا فَإِنَّ عِزَّهَا وَ فَخْرَهَا إِلَی انْقِطَاعٍ وَ إِنَّ زِینَتَهَا وَ نَعِیمَهَا إِلَی زَوَالٍ وَ ضَرَّاءَهَا وَ بُؤْسَهَا إِلَی نَفَادٍ وَ کُلُّ مُدَّةٍ فِیهَا إِلَی انْتِهَاءٍ وَ کُلُّ حَیٍّ فِیهَا إِلَی فَنَاءٍ"[2]

« پس در عزّت و ناز دنیا بر یکدیگر پیشی نگیرید، و فریب زینت‌ها و نعمت‌ها را نخورید و مغرور نشوید و از رنج و سختی آن ننالید و ناشکیبا نباشید، زیرا عزّت و افتخارات دنیا پایان می‌پذیرد، و زینت و نعمت‌هایش نابود می‌گردد، و رنج و سختی آن تمام می‌شود، و هر مدّت و مهلتی در آن به پایان می‌رسد، و هر موجود زنده‌ای به سوی مرگ می‌رود »

حضرت علی(ع) در خطبه معروف به خطبه غرّا باز هم ضمن یادآوری مرگ، توصیه می‌کنند تا فرصت هست به فکر مشکلات یکدیگر باشید.

"إِنَّمَا حَظُّ أَحَدِکُمْ مِنَ الْأَرْضِ ذَاتِ الطُّوْلِ وَ الْعَرْضِ قِیدُ قَدِّهِ مُتَعَفِّراً عَلَی خَدِّهِ الْآنَ عِبَادَ اللَّهِ وَ الْخِنَاقُ مُهْمَلٌ وَ الرُّوحُ مُرْسَلٌ فِی فَیْنَةِ الْإِرْشَادِ وَ رَاحَةِ الْأَجْسَادِ وَ بَاحَةِ الِاحْتِشَادِ وَ مَهَلِ الْبَقِیَّةِ وَ أُنُفِ الْمَشِیَّةِ وَ إِنْظَارِ التَّوْبَةِ وَ انْفِسَاحِ الْحَوْبَةِ قَبْلَ الضَّنْکِ وَ الْمَضِیقِ وَ الرَّوْعِ وَ الزُّهُوقِ وَ قَبْلَ قُدُومِ الْغَائِبِ الْمُنْتَظَرِ وَ إِخْذَةِ الْعَزِیزِ الْمُقْتَدِرِ"[3]

« همانا بهره هر کدام از شما از زمین به اندازه طول و عرض قامت شماست، آنگونه که خاک آلوده بر آن خفته باشد. ای بندگان خدا هم اکنون به اعمال نیکو پردازید، تا ریسمان‌های مرگ بر گلوی شما سخت نشده، و روح شما برای کسب کمالات آزاد است، و بدن‌ها راحت، و در حالتی قرار دارید که می‌توانید مشکلات یکدیگر را حل کنید. هنوز

---

[1]. همان، قصار ۱۰
[2]. همان، خطبه ۹۸
[3]. نهج‌البلاغه، خطبه ۸۲

مهلت دارید، و جای تصمیم و توبه و باز گشت از گناه باقی مانده است. عمل کنید پیش از آن که در شدّت تنگنای وحشت و ترس و نابودی قرار گیرید، پیش از آن که مرگ در انتظار مانده، فرا رسد و دست قدرتمند خدای توانا شما را برگیرد.»

ج- تاثیر مرگ‌اندیشی بر «نگرشِ به هستی»

زندگی اکثریت قریب به اتفاق ما انسانها در جهان هستی، بر اثر غفلت از یاد مرگ همانند زندگی شخص خواب آلوده‌ای است که در گوشه‌ای از کارگاه بسیار عظیم بخواهد به خواب عمیق فرورود و از آن جهت که کارگاه مفروض با سر و صدای اجزای ماشینی خود و رفت و آمد کارکنان و ... نمی‌گذارد خواب طبیعی و آرامش‌بخش بر دیدگان آن خواب آلود راه پیدا کند، ولی نه از آن خواب، آسایش و احساس راحتی می‌کند و نه از بیداری‌هایش آگاهی و انجام کار منطقی. این پدیده خواب آلودگی باعث می‌شود که آدمی از نگرش به چهره جدی جهان هستی غفلت بورزد و بجای تعین رابطه منطقی میان خود و جهان هستی که به هیچ وجه شوخی نمی‌پذیرد، به هوی و هوس‌هایش بپردازد. و چه خطرناک است این هوی‌پرستی که تباه شدن جدی‌ترین موجود کارگاه خلقت، یعنی انسان را در بدنبال دارد. بنابراین نگرش حاصل از مرگ‌اندیشی می‌تواند پیش از آنکه آرزوهای بی‌اساس و آمال بی‌مغز حیات بامغز و پرمعنای ما را درهم نوردد و به دیار نیستی بفرستد، با امیدهای محرک و نتیجه بخش حرکتی را آغاز کند که محصولش زاد و توشه حرکت در مسیر کمال باشد.[1]

- ### فهم معناداری و هدفمندی

نگرش‌های مختلف مثبت یا منفی نسبت به مرگ ریشه در تلقی‌های آدمی از فلسفه آفرینش و معنای زندگی دارد. تا زمانی که فلسفه‌ی حیات بر انسان روشن نشده باشد، نمی‌تواند برداشتی درست از مرگ داشته باشد. علامه محمد

---

[1]. جعفری، ۱۳۷۵، ۱۸۲

تقی جعفری معتقد است برای دانستن چیستی مرگ باید نخست به این پرسش پرداخت که زندگی چیست؟ مفهوم مرگ برای هر انسانی متناسب با زندگی وی و معناداری زندگی و مرگ در ارتباط با یکدیگر است. وی حیات را بر دو نوع حیات طبیعی محض و حیات معقول تقسیم کرده است. حیات طبیعی محض نوعی زندگی حیوانی است که در آن افراد تنها به اشباع غرایز طبیعی توجه دارند. در این نوع زندگی، فرد در پی خواسته‌های طبیعی خود است و نه تنها در پی به فعلیت رساندن استعدادهای وجودی خود نیست، بلکه با بی‌اعتنایی به آن‌ها سرمایه‌های وجودی خود را نیز نابود می‌کند. محصول زندگی طبیعی محض از دید علامه، تکاپو و تنازع در راه بقا بوده که در نتیجه تا کنون نگذاشته است اکثریت چشمگیر مردم جوامع از تاریخ طبیعی حیوانات گام به تاریخ انسانی انسان‌ها بگذارند.[1]

در مقابل این نوع زندگی، حیات معقول قرار دارد که در آن همه‌ی نیروها و فعالیت‌های زندگی طبیعی با برخورداری از اختیار در مسیر اهداف کمال قرار می‌گیرد. انسان در این نوع حیات، هدف اعلای آفرینش را پی می‌گیرد. و آن را به عنوان حقیقتی رو به کمال در نظر می‌گیرد. در این حیات مرگ به معنای فنا نیست بلکه انتقال از یک حیات به حیات دیگر است. در حالی که در زندگی طبیعی محض، از آنجا که حیات معنا و تفسیر معقولی ندارد، لذا مرگ نیز معنای عمیقی ندارد و فرد می‌کوشد تا از اندیشیدن در باب مرگ سر باز زند.[2]

اگر آدمی آهنگ تکاملی جهان هستی و غایت‌مداری آن را دریافت نکرده باشد، هم زندگی و هم مرگ را پوچ خواهد پنداشت. بنابر این «مرگ اندیشی» و تبیین معقول آن، تفسیر هدفمندی هستی نیز هست. کسی که گوش خود را با طنین مرگ آشنا می‌کند، بی‌تردید از پیش در مورد زندگی و هدف آن اندیشیده است. وی هستی را هدفمند و جهان را جایگاه رشد و کمال می‌داند نه واقعیتی پوچ و عبث. بسیاری از آیات قرآنی و جملات متعدد نهج البلاغه با اشکال و بیانات مختلف فرا رسیدن مرگ را گوشزد می‌نماید و لزوم اصلاح زندگی هدفمند را تذکر می‌دهد:

" الذی خلق الموت و الحیاه لیلوکم ایکم احسن عملا"[3]

« خدایی که مرگ و زندگی را آفرید تا شما بندگان را بیازماید که کدام نیکوکارتر است ».

---

1. همان، ۱۳۷۵، ۵۷
2. نصری، ۱۳۸۶
3. سوره ملک، آیه ۲

دنیا کانون مسابقه است و فلسفه وجودی بشر که با آمیزه‌ای از مرگ و حیات روبروست شرکت در آزمون الهی است برای بروز توانایی‌های نهفته و رسیدن به کمال مطلوب.

- درک پویایی و گستردگی

هیچ سکون و رکودی مرگبارتر از آن نیست که موجود رونده و پویا احساس رکود و ایستائی نماید. و خسارتی زیانبارتر از آن نیست که آدمی در نقطه‌ای از زندگی به خیال آنکه در ساحل زمان نشسته و گذشت زمان چون جویباری از کنار او عبور می‌کند و با او کاری ندارد، بتماشای گذشت زمان قناعت بورزد، و این مقدار نفهمد که نشستن در ساحل خیالی زمان و تماشای دگرگونی اشکال و پدیده‌های طبیعت، کاری جز پاره پاره کردن وحدت شخصیت او ندارد. نگرش به هستی در جویبار زمان، تنظیم کننده ارتباط او با واقعیات است. هر لحظه‌ای که از آینده فرا می‌رسد برای آن کسی که پیروز بر زمان و با نظاره و اشراف بر آن، زندگی میکند، پیامی از پایان عمر و آغاز ابدیت میاورد، با این حال نشستن در زیر درخت خلقت و تماشا در شاخ و برگ دگرگون شونده آن، به چه کار آید، مادامی که من نمی‌دانم دگرگونی این درخت پرشاخ و برگ خلقت برای رویانیدن میوه است که من باید با تلاش و کوشش شایستگی چیدن آن را بدست بیاورم.[1] امیرالمؤمنین(ع) پس از بیان حرکت مستمر دنیا و پشت گرداندن آن به زندگان، هشدار جدی به انسانها می‌دهد و می‌گوید:

" الا و انّ الیوم المضمار و غدا السّباق و السّبقة الجنّة و الغایة النّار "[2]

«امروز زمان تکاپو و فردا روز سبقت است، سبقت بر بهشت و پایان عقب ماندگی دوزخ»

---

[1]. جعفری، 1375، 155
[2]. جعفری، 1375، 270

در هستی‌شناسی اسلامی، دنیای قبل از تولد، بعد از تولد تا مرگ و بعد از مرگ یعنی برزخ و پس از آن قیامت، همه یکپارچه و بهم پیوسته است و تمام هستی برای انسان و انسان برای آخرت آفریده شده است. هستی در هر لحظه در تحولی پویاست و تحولات آن تکاملی است. این فرآیند تحولی برای همه‌ی موجودات هستی اتفاق می‌افتد.

پس از خاکش خوشه‌ها برخاستند	گندمّی در زیر خاک انداختند
قیمتش افزود و ماند شد جان فزا	بار دیگر کوفتندش ز آسیاب
گشت عقل و فهم جان هوشمند	باز نان را زیر دندان کوفتند

حتی مرگ نیز به معنی نیستی و نابودی نیست و در یکی از حلقه‌های تکامل هستی‌شناسانه قرار دارد و از این رو به‌عنوان جلوه هستی و ظهور هستی مطرح می‌شود. همه چیز هر لحظه می‌میرد و زنده می‌شود. همه چیز هر لحظه نه آن است که لحظه قبل بود. حتی در یک نفس و کم‌تر از آن.

ما انسان‌ها چون در جسممان بقا را حس می‌کنیم این نو شدن و تحولات پویا را احساس نمی‌کنیم، مگر تحولات تکان‌دهنده و عظیم. بنا بر این یاد مرگ نه تنها بر خلاف تصور برخی با پویایی و تحرک در زندگی منافات ندارد، بلکه هستی را یک مجموعه‌ی متحول پویا معرفی می‌کند.

- **جاودانه نگری**

یکی از زیباترین تقسیم‌بندی‌های تعالیم دین، تقسیم امور به ماندنی و نماندنی‌است و با این تقسیم‌بندی انسان تشویق می‌شود که هر امری در دنیا را از این منظر مورد توجه قرار دهد. مرگ و یاد مرگ، به درک بهتر حقیقت ماندنی‌ها و نماندنی‌ها کمک می‌نماید و انسان را نسبت به آن هشیار می‌کند. در قرآن کریم از امور ماندنی به عنوان باقیات‌الصالحات یاد شده و در مورد آنها توصیه نموده است.

"الْمَالُ وَ الْبَنُونَ زِينَةُ الْحَيَاةِ الدُّنْيَا وَ الْبَاقِيَاتُ الصَّالِحَاتُ خَيْرٌ عِنْدَ رَبِّكَ ثَوَاباً وَ خَيْرٌ أَمَلاً"[1]

« مال و اولاد زینت زندگی دنیایند و باقی‌ماندنی‌های صالح نزد پروردگارت ثواب و امیدی بهتر دارند»

در این آیات بر این نکته تاکید شده که انسان باید به رفتنی‌ها نظر نداشته و تنها به ماندنی‌ها و باقیات الصالحات دل ببندد و به نوعی اشاره می‌کند که تنها ماندنی‌ها، نیکو و شایسته انتخاب‌اند.

اگر دل بستن و پرستیدن رواست باید دل بست به چیزی که هم ماندنی و هم مستقل و برتر از پرستنده باشد و این مبنای خداپرستی است. "مَا عِنْدَكُمْ يَنْفَدُ وَ مَا عِنْدَ اللَّهِ بَاقٍ"[2] آنچه نزد شماست نامادنی و آنچه که نزد خداست، پایدار و ماندنی است. در قرآن و روایات بر تفاوت بین «باقی» و «ناباقی» تاکید بسیار شده است. حضرت در این باره فرموده است::

"فَاتَّقُوا اللَّهَ عِبَادَ اللَّهِ وَ بَادِرُوا آجَالَكُمْ بِأَعْمَالِكُمْ وَ ابْتَاعُوا مَا يَبْقَى لَكُمْ بِمَا يَزُولُ عَنْكُمْ وَ تَرَحَّلُوا فَقَدْ جُدَّ بِكُمْ وَ اسْتَعِدُّوا لِلْمَوْتِ فَقَدْ أَظَلَّكُمْ وَ كُونُوا قَوْماً صِيحَ بِهِمْ فَانْتَبَهُوا وَ عَلِمُوا أَنَّ الدُّنْيَا لَيْسَتْ لَهُمْ بِدَارٍ فَاسْتَبْدَلُوا فَإِنَّ اللَّهَ سُبْحَانَهُ لَمْ يَخْلُقْكُمْ عَبَثاً وَ لَمْ يَتْرُكْكُمْ سُدًى وَ مَا بَيْنَ أَحَدِكُمْ وَ بَيْنَ الْجَنَّةِ أَوِ النَّارِ إِلَّا الْمَوْتُ أَنْ يَنْزِلَ بِهِ"[3]

« ای بندگان خدا، تقوای الهی پیشه کنید و با اعمال نیکو به استقبال اجل بروید، با چیزهای فانی شدنی دنیا، آنچه که جاویدان می‌ماند، خریداری کنید. از دنیا کوچ کنید که برای کوچ دادنتان تلاش می‌کنند. آماده مرگ باشید که بر شما سایه افکنده است. چون مردمی باشید که بر آنها بانگ زدند و بیدار شدند، و دانستند دنیا خانه جاویدان نیست و آن را با آخرت مبادله کردند. خدای سبحان شما را بیهوده نیافرید، و به حال خود وا نگذاشت، میان شما تا بهشت یا دوزخ، فاصله اندکی جز رسیدن مرگ نیست »

در این کلام توجه انسان به این نکته جلب می‌شود که دنیا محلی برای کوچ کردن است و آمادگی برای مرگ که در پی یادکرد مداوم مرگ حاصل می‌شود، مبادله کردن خانه‌ی بی‌دوام دنیا با زندگی جاودان آخرت است.

---

[1]. سوره کهف، آیه ۴۶
[2]. سوره نحل، آیه ۱۶
[3]. نهج‌البلاغه، خطبه ۶۳

در روایت دیگری آمده است حضرت علی(ع) در تشییع جنازه‌ای می‌رفتند و شنیدند که مردی می‌خندد، فرمودند:

"كَأَنَّ الْمَوْتَ فِيهَا عَلَى غَيْرِنَا كُتِبَ وَ كَأَنَّ الْحَقَّ فِيهَا عَلَى غَيْرِنَا وَجَبَ وَ كَأَنَّ الَّذِي نَرَى مِنَ الْأَمْوَاتِ سَفْرٌ عَمَّا قَلِيلٍ إِلَيْنَا رَاجِعُونَ نُبَوِّئُهُمْ أَجْدَاثَهُمْ وَ نَأْكُلُ تُرَاثَهُمْ كَأَنَّا مُخَلَّدُونَ بَعْدَهُمْ ثُمَّ نَسِينَا كُلَّ وَاعِظٍ وَ وَاعِظَةٍ وَ رُمِينَا بِكُلِّ جَائِحَةٍ طُوبَى لِمَنْ ذَلَّ فِي نَفْسِهِ وَ طَابَ كَسْبُهُ وَ صَلَحَتْ سَرِيرَتُهُ وَ حَسُنَتْ خَلِيقَتُهُ وَ أَنْفَقَ الْفَضْلَ مِنْ مَالِهِ وَ أَمْسَكَ الْفَضْلَ مِنْ لِسَانِهِ وَ عَزَلَ عَنِ النَّاسِ شَرَّهُ وَ وَسِعَتْهُ السُّنَّةُ وَ لَمْ يُنْسَبْ إِلَى بِدْعَةٍ"[1]

« گویی مرگ بر غیر ما نوشته شده، و حق جز بر ما واجب گردیده، و گویا این مردگان مسافرانی هستند که به زودی باز می‌گردند، در حالی که بدن‌هایشان را به گورها می‌سپاریم، و میراثشان را می‌خوریم. گویا ما پس از مرگ آنان جاودانه‌ایم. آیا چنین است، که اندرز هر پند دهنده‌ای از زن و مرد را فراموش می‌کنیم و خود را نشانه تیرهای بلا و آفات قرار دادیم؟ »

حضرت از دیدن کسی که مرگ را به چشم می‌بیند و در عمل چنان رفتار می‌کند که گویی برای او دنیا سرای ابدی‌است، اظهار شگفتی می‌کند و توجه به سرایی می‌دهد که حیاتش همیشگی و ابدی است. دنیایی که گه‌گاه انتقال گروهی از اطرافیان را بدان شاهد هستیم. امام با همین مضمون در جای دیگر می‌فرماید:

"وَ عَجِبْتُ لِمَنْ نَسِيَ الْمَوْتَ وَ هُوَ يَرَى مَنْ يَمُوتُ وَ عَجِبْتُ لِمَنْ أَنْكَرَ النَّشْأَةَ الْأُخْرَى وَ هُوَ يَرَى النَّشْأَةَ الْأُولَى وَ عَجِبْتُ لِعَامِرِ دَارِ الْفَنَاءِ وَ تَارِكِ دَارِ الْبَقَاءِ"[2]

« و در شگفتم از آن کس که مردگان را می‌بیند و مرگ را از یاد برده است، در شگفتم از آن کس که پیدایش دوباره را انکار می‌کند در حالی که پیدایش آغازین را می‌نگرد و در شگفتم از آن کس که خانه نابود شدنی را آباد می‌کند امّا جایگاه همیشگی را از یاد برده است »

---

[1]. نهج‌البلاغه، قصار ۱۱۸
[2]. همان، قصار ۱۲۱

ایشان توصیه می‌کند که آدمی با سرمایه‌ها و دارایی‌های فانی و زودگذر خویش آنچه را که ماندنی‌ست به‌دست آورد. از این منظر ذکرالموت یا مرگ اندیشی راز بقای آدمی خواهد بود. آنجا که با همه‌ی دارایی‌های فانی در لحظه گذران زندگی، نگاهش به جاودانه‌ها است لذا هیچ لحظه‌ای را و هیچ عملی را در این روزگار گم نمی‌کند.

در خطبه ٦٤ نهج‌البلاغه نیز حضرت بار دیگر مردم را از انقراض حیات و به پایان رسیدن و خاموش گشتن شعله فروزان زندگی آگاه می‌سازد و توصیه می‌کند قبل از آنکه مرگ بر آنها سایه افکند از خورشید زندگی در راه هدف کمال برخوردار شوند. این تنبیه و هشدار تنها برای فرا رسیدن مرگ که همه مردم آنرا می‌دانند نیست، زیرا در این صورت توضیح واضحات است که بر کسی پوشیده نیست، بلکه منظور اصلی آگاه کردن مردم به ضرورت دریافت هدف واقعی زندگی است که با آتش نادانی‌ها و انحرافات خاکستر می‌شود و بر باد فنا می‌رود.[1]

"فَإِنَّ اللَّهَ سُبْحَانَهُ لَمْ يَخْلُقْكُمْ عَبَثاً وَ لَمْ يَتْرُكْكُمْ سُدًى وَ مَا بَيْنَ أَحَدِكُمْ وَ بَيْنَ الْجَنَّةِ أَوِ النَّارِ إِلَّا الْمَوْتُ أَنْ يَنْزِلَ بِهِ وَ إِنَّ غَايَةً تَنْقُصُهَا اللَّحْظَةُ وَ تَهْدِمُهَا السَّاعَةُ لَجَدِيرَةٌ بِقَصْرِ الْمُدَّةِ وَ إِنَّ غَائِباً يَحْدُوهُ الْجَدِيدَانِ اللَّيْلُ وَ النَّهَارُ لَحَرِيٌّ بِسُرْعَةِ الْأَوْبَةِ وَ إِنَّ قَادِماً يَقْدَمُ بِالْفَوْزِ أَوِ الشِّقْوَةِ لَمُسْتَحِقٌّ لِأَفْضَلِ الْعُدَّةِ فَتَزَوَّدُوا فِى الدُّنْيَا مِنَ الدُّنْيَا مَا تُحْرِزُونَ بِهِ أَنْفُسَكُمْ غَداً"[2]

« خدای سبحان شما را بیهوده نیافرید، و به حال خود وا نگذاشت، میان شما تا بهشت یا دوزخ، فاصله اندکی جز رسیدن مرگ نیست. زندگی کوتاهی که گذشتن لحظه‌ها از آن می‌کاهد، و مرگ آن را نابود می‌کند، سزاوار است که کوتاه مدّت باشد. زندگی که شب و روز آن را به پیش می‌راند به زودی پایان خواهد گرفت. مسافری که سعادت یا شقاوت همراه می‌برد باید بهترین توشه را با خود بردارد. از این خانه دنیا زاد و توشه بردارید که فردای رستاخیز نگهبانتان باشد. »

---

[1]. جعفری، ١٣٧٥، ٧
[2]. نهج‌البلاغه، خطبه ٦٤

د- تاثیر مرگ‌اندیشی بر « نگرشِ به خالق هستی »

توهّم بازی و بازیچه بودن جهان یعنی اینکه آفریننده مانند انسانهای بازیگر و نابخرد میلیاردها اجزاء در روابط کوچک و بزرگ را بوجود آورده و به جریان انداخته و می‌خواهد وقت‌گذرانی کند یاوه‌گویی است. این یاوه‌گوئی ناشی از نگرش ناصحیح این توهم کنندگان بر خالق هستی است، زیرا اولاً خدائی که نه زمان و جریانِ آن، در او تأثیری دارد و نه احتیاج به تجدید حالت روانی و نه انتظاری برای رسیدن به هدفی و معنائی برای او دارد، چگونه جهانی برای بازیچه می‌آفریند، ثانیاً عادل مطلق و حکیم علی الاطلاق چگونه می‌تواند جانداران و انسانهائی را بیافریند که در چنگال آلام و ناگواریها و اضطرابات و مرگ متلاشی شوند، تا او از این امور بعنوان بازی لذت ببرد؟! بهتر این است که بحث در باره این احتمال را که جهان بازیچه است بعنوان یک بیماری فکری کنار گذاشته شود و در صدد پیداکردن راه معالجه‌ای برای آن بود. زیرا این مقایسه نابخردانه خویشتن با مغزهای ناتوان از درک چهره ریاضی هستی بروز میکند، اختلال نیروی حسابگری مغز خویش در جهان هستی را با دست خود امضاء می‌کند.[1]

بنابراین وقتی که اثبات شد که جهان بیهوده و عبث و بازی نیست ثابت می‌شود که آفریننده، حرکت و گردیدن‌ها را نیز برای یک مقصد نهائی در نظر گرفته است و آغاز هستی که با آگاهی و مشیت الهی او بوجود آمده، پایان آن نیز با آگاهی و مشیت او تقدیر شده است. پس پایان این همه حرکت‌ها و گردیدن‌ها بازگشتن به پیشگاه خداوند است. از اینرو دلیلی بر فنای شخصیت آدمی وجود ندارد، بلکه با توجه به کمال و رشد روحی و گام گذاشتن روح به مافوق ماده و قوانین آن، بقای شخصیت و یا روح، یک مسئله طبیعی است. جمله‌ای از افلاطون بیادگار مانده است، که به همان قدرت خود باقی است: "مت بالإرادۀ تحی بالطّبیعۀ"

«ابعاد مادی و حیوانی خود را با اراده مهار کن(بمیران)، تا با طبیعت روح که جاودانگی است، زنده ابدی بمانی».

---

[1]. جعفری، 1375، 312

با این وصف مقصد نهائی و هدف اعلای زندگی قطعا باید ما فوق مقتضیات حیات طبیعی بوده باشد. و آنانکه امتیازات گذران و محدود زندگی طبیعی را هدف قرار می‌دهند، در حقیقت حیات و هویت آنرا نمی‌شناسند و درکی از خالق آن ندارند.[1] و در ادامه می‌گوید:

"يَعْلَمُونَ ظَاهِرًا مِنَ الْحَيَاةِ الدُّنْيَا وَ هُمْ عَنِ الْآخِرَةِ هُمْ غَافِلُونَ"

« آنان پدیده‌های سطحی از حیات دنیا را می‌فهمند و از پشت پرده این حیات دنیا غفلت می‌ورزند » به همین جهت است که تقریبا دو قرن می‌گذرد که فلسفه حیات محوری مغرب‌زمین از بیان هدف اعلی و نهائی زندگی ناتوان گشته، این مسئله حیاتی را گاهی با این شوخی برگزار می‌کنند که «زندگی فلسفه و هدف ندارد ولی باید زندگی کرد» و گاهی به وسیله قلم اشخاص صریح‌گو مانند آلبرکامو حکم به پوچی زندگی می‌دهند، که نشان می‌دهد جز ظواهر ناقصی از زندگی چیز دیگری نفهمیده است.

از آنچه گفته شد می‌توان نتیجه گرفت که اگر چه کالبد جسمانی و دیگر اجزاء درونی که مربوط به "سطح من" است، تحت تاثیر نگرشِ انسان به خدا ذاتاً تغییر پیدا نمی‌کند، لیکن این نگرش می‌تواند "روح آدمی" را در دگرگونی‌های تکاملی، از مبدا آفرینش گرفته، تا مرگ و از آنجا تا مقصد نهایی که همان پیشگاه ذات اقدس ربوبی است تحت تاثیر خود قرار داده و با تاثیرگذاری بر نفس مطمئنه، بالطبع بر شکل‌گیری سبک زندگی نیز موثر واقع شود.

- خوف و رجا

نگرش مؤمنان راستین و اهل ایمان نسبت به خالق هستی در پرتو مرگ‌اندیشی اصلاح می‌شود که نه از غضب و عذاب خداوند ایمن می‌شوند و نه از رحمتش مأیوس و ناامید می‌گردند. توازن این بیم و امید که ضامن تکامل و پیشروی آنها در راه خدا است، همواره در وجودشان حکم‌فرماست چرا که غلبه خوف بر امید، انسان را به یأس و سستی می کشاند و غلبه رجا و طمع، انسان را به غرور و غفلت وامیدارد و این هر دو دشمن حرکت تکاملی انسان

---

[1]. جعفری، 312،1375

در مسیر او به سوی خدا است. به وسیله دو بال خوف و امید انسان می تواند به اوج آسمان سعادت پرواز کند و مسیر تکامل را طی نماید. بنابراین یکی از مهمترین اثرات و ویژگی هایی که ملازم و متاثر از یاد مرگ است، «خوف و رجا» یا «بیم و امید» نسبت به خالق هستی است.

خداوند خود درباره بندگان مؤمن و مخلص نیز چنین می فرماید: "تتجافی جنوبهم عن المضاجع یدعون ربهم خوفا و طمعا و مما رزقناهم ینفقون"[1] «پهلوهایشان در دل شب از بسترها دور می شود (به پا می خیزند و به درگاه خدا رو می آورند) در حالی که پروردگار خود را با بیم و امید می خوانند و از آنچه به آنها روزی داده انفاق می کنند» و یا در جای دیگر در مورد گروهی از شایستگان و بندگان صالح می فرماید: «یحذر الآخره و یرجو رحمه ربه"[2] «از عذاب آخرت می ترسند و به رحمت پروردگارش امید دارد».

و در حدیثی از حضرت صادق(ع) می خوانیم: "ینبغی للمؤمن ان یخاف الله خوفا کانه یشرف علی النار و یرجوه رجاءا کانه من اهل الجنه"[3] سزاوار است بنده مؤمن آن چنان از خدا بترسد که گویی در کنار دوزخ قرار گرفته و مشرف بر آتش است و آن چنان به او امیدوار باشد که گویی اهل بهشت است»

در حدیث دیگری حضرت صادق(ع) از پدر بزرگوارش چنین نقل می کند: «هیچ بنده ای نیست مگر این که در قلبش دو نور است: نور بیم و نور امید، اگر با یکدیگر مقایسه و سنجیده شوند، هیچ کدام بر دیگری برتری ندارد»[4] و جناب لقمان حکیم در وصیتی به فرزندش چنین می گوید: «چنان از خدا بترس که اگر اعمال نیک جن و انس را هم انجام داده باشی باز تو را عذاب می کند و چنان به او امیدوار باش که اگر گناه جن و انس را مرتکب شده باشی تو را مورد رحمت قرار می دهد»[5]

" لَقَدْ رَأَيْتُ أَصْحَابَ مُحَمَّدٍ (ص) فَمَا أَرَى أَحَداً يُشْبِهُهُمْ مِنْكُمْ لَقَدْ كَانُوا يُصْبِحُونَ شُعْثاً غُبْراً وَ قَدْ بَاتُوا سُجَّداً وَ قِيَاماً يُرَاوِحُونَ بَيْنَ جِبَاهِهِمْ وَ خُدُودِهِمْ وَ يَقِفُونَ عَلَى مِثْلِ الْجَمْرِ مِنْ ذِكْرِ مَعَادِهِمْ كَأَنَّ بَيْنَ أَعْيُنِهِمْ رُكَبَ الْمِعْزَى مِنْ طُولِ

---

1. سوره سجده، آیه 16
2. سوره زمر، آیه 9
3. تفسیر نمونه، ج 20 ص 253
4. میزان الحکمه، ج 3 ص 179
5. همان، ج 3 ص 179

سُجُودِهِمْ إِذَا ذُكِرَ اللَّهُ هَمَلَتْ أَعْيُنُهُمْ حَتَّى تَبُلَّ جُيُوبَهُمْ وَ مَادُوا كَمَا يَمِيدُ الشَّجَرُ يَوْمَ الرِّيحِ الْعَاصِفِ خَوْفاً مِنَ الْعِقَابِ وَ رَجَاءً لِلثَّوَابِ "[1]

من یاران پیامبر (صلّی الله علیه و آله) را دیدم ولی از شما کسی را نمی‌بینم همانند آنها باشند. آنان صبح ژولیده مو و غبار آلوده و شب را بیدار به سجده و قیام می‌گذرانند گاهی پیشانی بر زمین می‌سایید و گاه گونه برخاک می‌گذاردند. میان دو چشمهایشان به خاطر سجده طولانی چون زانوی بزان پینه بسته بود. هرگاه نام پروردگار برده می‌شد آن قدر می‌گریستند که گریبانشان تر می‌شد و مثل درختی که در اثر تندباد می‌لرزید می‌لرزیدند چرا که نگران کیفر اعمال بودند و یا برای آنکه تخم امید (رجا) در دل می‌کاشتند.

۲- سبک‌های کلی زندگی در مواجهه با یاد مرگ

انسان‌ها به طور کلی در مواجهه با مرگ و یادکرد آن در یک غفلت عمومی به سر می‌برند و این غفلت تا حدودی بر زندگی و حیات همه‌ی انسان‌ها سایه افکنده است. اگر پرده‌ی این غفلت دریده شود، انسان‌ها به طور مداوم دستخوش اضطرابی می‌شوند که بر اثر آن جریان زندگی به شکل کنونی از دست می‌رود و نوعی دلسردی عمومی حکم‌فرما خواهد شد. تلاش‌ها بی‌رنگ و تعقیب اهداف از حالت کنونی خارج می‌شود و بطور کلی زندگی انسان‌ها متحول و شکل دیگری به خود خواهد گرفت. اما علی رغم این غفلت جاری، پیشوایان و رهبران دینی، صلاح انسان‌ها را در این امر دانسته‌اند که امر مرگ را به یاد آنها بیاورند و با تذکار همیشگی این امر بسیار مهم اما مغفول را از حالت ناآگاهانه به صورت آگاهانه درآورند. تنها بعضی از نوادر همواره این تنبه بسیار مهم را داشته، همانهایی که حیاتشان الگو و سرمشق دیگران واقع شده است. غزالی در کتاب «ذکر الموت» از احیاء العلوم نوشته است مردم را در مواجهه با مسئله مرگ و یادکرد آن به سه دسته تقسیم کرده و میزان تاثیرپذیری سبک‌های زندگی مردم نیز در هر یک از این دسته‌ها را متفاوت دانسته است.[2]

---

[1]. نهج‌البلاغه، خطبه ۹۷
[2]. سروش، ۱۳۷۷، ۲۲۵

دسته‌ی اول کسانی هستند که شیرین زندگی می‌کنند، اهل لهو و لعب و خوشگذرانی و غفلت‌اند، از زندگی مرفهی برخوردارند و دلشان از حب دنیا مالامال است. به حیات این جهانی رضایت داده و از آن اشباع شده‌اند. لذا ورای آن را نمی‌طلبند. به تعبیر قرآن: "رَضُوا بِالْحَيَاةِ الدُّنْيَا وَ اطْمَأَنُّوا بِهَا"[1] به این عالم تکیه کرده و دل خوشند و خیال بر کندن از آن را نیز ندارند. این افراد یا از مرگ یاد نمی‌کنند، یا اگر هم یاد کنند از آمدن آن ناخشنودند. زیرا که این زندگانی شیرین را از آنها می‌ستاند. به تعبیر مولوی:

هر که شیرین می‌زید او تلخ مرد   هر که او تن را پرستد جان نبرد[2]

دسته‌ی دوم کسانی هستند که اهل توبه و جبران‌اند. اینان اگر چه همه‌ی عمرشان به نیکوکاری طی نمی‌شود، اما از بدکاری‌های خود در ندامت‌اند و مایلند که زندگانی بهتری را پیشه کنند. قرآن کریم از آنها اینگونه یاد کرده است:

"وَ سَارِعُوا إِلَى مَغْفِرَةٍ مِنْ رَبِّكُمْ وَ جَنَّةٍ عَرْضُهَا السَّمَاوَاتُ وَ الْأَرْضُ أُعِدَّتْ لِلْمُتَّقِينَ ٭ الَّذِينَ يُنْفِقُونَ فِي السَّرَّاءِ وَ الضَّرَّاءِ وَ الْكَاظِمِينَ الْغَيْظَ وَ الْعَافِينَ عَنِ النَّاسِ وَ اللَّهُ يُحِبُّ الْمُحْسِنِينَ ٭ وَ الَّذِينَ إِذَا فَعَلُوا فَاحِشَةً أَوْ ظَلَمُوا أَنْفُسَهُمْ ذَكَرُوا اللَّهَ فَاسْتَغْفَرُوا لِذُنُوبِهِمْ وَ مَنْ يَغْفِرُ الذُّنُوبَ إِلَّا اللَّهُ وَ لَمْ يُصِرُّوا عَلَى مَا فَعَلُوا وَ هُمْ يَعْلَمُونَ ٭ وَ الَّذِينَ إِذَا فَعَلُوا فَاحِشَةً أَوْ ظَلَمُوا أَنْفُسَهُمْ ذَكَرُوا اللَّهَ فَاسْتَغْفَرُوا لِذُنُوبِهِمْ وَ مَنْ يَغْفِرُ الذُّنُوبَ إِلَّا اللَّهُ وَ لَمْ يُصِرُّوا عَلَى مَا فَعَلُوا وَ هُمْ يَعْلَمُونَ"[3]

"و بشتابید به سوی مغفرت پروردگار خود و به سوی بهشتی که پهنای آن همه آسمان‌ها و زمین را فرا گرفته و مهیّا برای پرهیزکاران است. آنهایی که از مال خود در حال وسعت و تنگدستی انفاق کنند و خشم خود فرونشانند و از (بدیِ) مردم درگذرند، و خدا دوستدار نیکوکاران است. و آنان که اگر کار ناشایسته کنند و یا ظلمی به نفس خویش نمایند خدا را به یاد آرند و از گناه خود (به درگاه خدا) توبه کنند و کیست جز خدا که گناه خلق را بیامرزد؟ و آنها که اصرار در کار زشت نکنند چون به زشتی معصیت آگاهند"

---

۱. سوره یونس، آیه ۷
۲. مثنوی، دفتر اول، بیت ۲۳۰۲
۳. سوره آل عمران، آیه ۱۳۳-۱۳۵

کسانی که وقتی گناهی انجام می‌دهند یاد خدا می‌کنند این افراد هنگامی که به یاد مرگ می‌افتند، با ندامت از آن یاد می‌کنند، خائفند که مبادا هنگام مرگ، تدارک مافات نکرده باشند و روزگار به ناگاه باب عمل را به رویشان ببندد در حالی که از بی عملی و بد عملی برای خود زیانهای بسیار پدید آورده‌اند.

دسته‌ی سوم، عارفان هستند. اینان در این عالم با خدای خود زندگی عاشقانه‌ای را سپری کرده‌اند. مرگ برایشان وعده‌ی ملاقات است. دلشان برای آن هنگامی می‌تپد که از این زندان رهایی می‌یابند. به تعبیر مولوی اینان در پی آن هستند که تیشه‌ای برگیرند و این زندان را سوراخ کنند، از آن بگریزند تا به محبوبی ملحق شوند که عمری به یاد او و در فراق او می‌زیسته‌اند. مرگ برای اینان، به تعبیر امیرالمومنین علی(ع)، بالاترین تحفه‌ای است که بدیشان داده می‌شود: "اَفْضَلُ تُحفَهِ المُومِنِ المُوتُ"[1]

بر این اساس می‌توان گفت ذکرالموت یا یادکرد مرگ در زندگی دسته اول نه تنها جایگاهی ندارد بلکه بطور کاملاً آگاهانه سعی بر فراموشی آن است و بالطبع سبک زندگی آنها متاثر از این امر نیست. برعکس سبک زندگی گروه سوم آنچنان با مرگ‌اندیشی درآمیخته است که به ندرت می‌توان رفتاری را در زندگی آنان یافت که متاثر از این امر نباشد. در دسته دوم نیز تاثیر یادکرد مرگ از اهمیت ویژه‌ای برخوردار است و ذکرالموت همانند بیدارباش و هشداری برای کنترل و هدایت رفتار و اعمال آنان محسوب می‌شود و می‌تواند منجر به تغییر سبک زندگی آنان شود.

۳- ویژگی‌های سبک زندگی در پرتو مرگ‌اندیشی

در بخش نخست این فصل به‌صورت مشروح در رابطه با تاثیر مرگ‌اندیشی بر نگرش‌های کلی حاکم بر زندگی انسان توضیح داده شد. در ادامه این فصل با استفاده از سخنان گرانقدر امیرالمؤمنین علی(ع) در کتاب شریف نهج‌البلاغه،

---

[1]. غررالحکم، جلد 1، ص 213

به بیان ویژگی‌هایی از سبک زندگی متاثر از این نگرش‌ها، پرداخته و رفتارها و وظایف فردی، خانوادگی و اجتماعی، که شاخه‌های درخت سبک زندگی اسلامی را شکل می‌دهند، تبیین خواهد شد.

- جاودانه‌نگری

گفته شد نگرش‌های انسان تحت تاثیر توجه به مرگ او را جاودانه‌نگر می‌کند و در پی یادآوری مکرر مرگ، توجه آدمی به اموری که ماندنی و باقی هستند جلب شده و از امور نماندنی روی برگردان می‌شود. کوچک شمردن زندگی دنیا و اهتمام به زندگی آخرت دو ویژگی مهم سبک زندگی متناسب با جاودانه‌نگری است که از آموزه‌های مهم همه‌ی ادیان الهی نیز هست.

در پی یادآوری مکرر مرگ، توجه آدمی به اموری ماندنی و باقی جلب شده و از امور ناپایدار روی برگردان می‌شود، یعنی در نتیجه آن کوچک شمردن زندگی دنیا و اهتمام به زندگی آخرت حاصل می‌شود. قرآن در این زمینه اینگونه می‌فرماید: "بَلْ تُؤْثِرُونَ الْحَیاهَ الدُّنْیا وَالْآخِرَهُ خَیْرٌ وَ أَبْقَى"[1]

« شما زندگی دنیا را بر می‌گزینید در حالی‌که آخرت نیکوتر و پایدارتر است »

حال سوال کلیدی و مهمی که در اینجا مطرح می‌شود این است که در پرتو جاودانه‌نگری چگونه می‌توان سبکی برای زندگی در دنیایی که همه امور آن فانی به شمار می‌رود، ارائه نمود و در آن استفاده از نعمات و لذات آن را نیز که از امور فانی است فراهم آورد و آیا اصلاً امکان ارائه چنین سبکی که بتواند بین امور فانی دنیا و امور باقی آخرت تعادل ایجاد نماید وجود دارد؟

با واکاوی موضوع دنیا در نهج‌البلاغه و دیگر متون دینی، پاسخ به این پرسش نیز روشن می‌شود که چرا باید دنیا را کوچک نگریست؟ و تحقیر دنیا چه معنی دارد و آیا دنیا و آخرت با هم در تضادند؟ روشن است که از این امر سوء برداشت‌هایی نیز شده است. برخی تعبیرات ضد دنیایی در متون دینی هم این سوء برداشت‌ها را موجه می‌نمایاند.

---

[1]. سوره اعلی، آیه ۱۴-۱۷

آنچه که از آثار دینی به عنوان تضاد میان دنیا و آخرت مطرح می‌شود، به این دلیل است که نباید آموزه‌های دینی را که بر اساس مقتضیات و شرایط خاص مطرح می‌شود جداگانه از آن نتایج مختلف گرفت بلکه باید مجموعه‌ی آموزه‌های دینی با هم به درستی فهمیده شود. در بسیاری از آثار اسلامی تصریح شده که جمع میان برخورداری از دنیا و آخرت ممکن است، لیکن آنچه ناممکن است، جمع میان این دو از نظر ایده‌آل بودن و هدف اعلی قرار گرفتن است. برخورداری از دنیا مستلزم محرومیت از آخرت نیست. آنچه مستلزم محرومیت از آخرت است یک سلسله گناهان در زندگی است، نه برخورداری از یک زندگی سالم و مرفه و متنعم به نعمت‌های پاکیزه و حلال خدا. کما اینکه بسیاری از پیامبران، امامان و صالحان کمال برخورداری از نعمت‌های حلال دنیا را داشته‌اند. بنابراین باید گفت رابطه میان دنیا و آخرت همیشه از جنس تضاد نیست. در واقع رابطه‌ی میان برخورداری از دنیا و برخورداری از آخرت به هیچ وجه از نوع تضاد نیست و بنابر این جمع بین این دو ممکن است. لکن رابطه میان هدف قرار گرفتن دنیا و هدف قرار گرفتن آخرت جمع میان اضداد و ناممکن است. و اما رابطه میان هدف قرار گرفتن یکی از این دو، با برخورداری از دیگری، رابطه تضاد یک‌طرفه است. یعنی می‌توان آخرت را هدف قرار داد و هم‌زمان از دنیا برخوردار شد اما هدف قرار گرفتن دنیا با برخورداری از آخرت متضاد است.[1]

در نهج‌البلاغه این مطلب به نیکوترین و با تعبیر عملٍ "لِلدُّنْیَا" و عملٍ "فِی الدُّنْیَا لِمَا بَعْدَهَا" شکل بیان شده است.

"النَّاسُ فِی الدُّنْیَا عَامِلَانِ عَامِلٌ عَمِلَ فِی الدُّنْیَا لِلدُّنْیَا قَدْ شَغَلَتْهُ دُنْیَاهُ عَنْ آخِرَتِهِ یَخْشَی عَلَی مَنْ یَخْلُفُهُ الْفَقْرَ وَ یَأْمَنُهُ عَلَی نَفْسِهِ فَیُفْنِی عُمُرَهُ فِی مَنْفَعَةِ غَیْرِهِ وَ عَامِلٌ عَمِلَ فِی الدُّنْیَا لِمَا بَعْدَهَا فَجَاءَهُ الَّذِی لَهُ مِنَ الدُّنْیَا بِغَیْرِ عَمَلٍ فَأَحْرَزَ الْحَظَّیْنِ مَعاً وَ مَلَکَ الدَّارَیْنِ جَمِیعاً فَأَصْبَحَ وَجِیهاً عِنْدَ اللَّهِ لَا یَسْأَلُ اللَّهَ حَاجَةً فَیَمْنَعُهُ"[2]

« مردم در دنیا دو نوع عمل می‌کنند شخصی برای دنیا کاری می‌کند و دنیا او را از آخرتش باز می‌دارد از فقر و تنگدستی بازماندگانش هراسان است و ایمنی آنها را بر خراب کردن آخرت خود ترجیح می‌دهد. و عمر خود را برای سود رساندن به دیگران فانی می‌کند و دیگر کسی است که در دنیا کار می‌کند برای جهان آخرت و هر چه از دنیا نصیب او است بی‌آنکه عملی انجام دهد به او می‌رسد. پس چنین کسانی هم از دنیا و هم از آخرت بهره‌مند می‌شوند

---

[1]. مطهری، 1372، 306
[2]. نهج‌البلاغه، حکمت 269

و هر دو توشه را با هم مالک می‌گردند و صبح می‌کنند در حالی که در درگاه الهی آبرومندند و از پروردگار حاجتی را طلب نمی‌کنند که روا نسازد »

در آیات ۱۴۵-۱۴۸ آل‌عمران نیز به طور صریح و همچنین در آیات ۱۸ و ۱۹ سوره اسراء و آیه ۲۰ سوره شوری به طور اشاره نزدیک به صریح به این مطلب اشاره شده است که "دنیاگرائی مستلزم محرومیت از آخرت است اما آخرت گرایی خود به خود دنیا را به دنبال خود می‌کشد".

حدیث معروفی از وصایای حضرت امام حسن مجتبی(ع) نیز به این مضمون هست که:

" كُنْ لِدُنْيَاكَ كَأَنَّكَ تَعِيشُ أَبَداً وَ كُنْ لِآخِرَتِكَ كَأَنَّكَ تَمُوتُ غَداً"[1]

« برای دنیایت چنان باش که گویی جاویدان خواهی ماند و برای آخرت چنان باش که گویی فردا می‌میری »

این حدیث یکی از لطیف‌ترین احادیث است که به قول شهید مطهری معرکه آرا و عقاید ضد و نقیض شده است. روایت‌های دیگری هم هست که مؤید این معناست و توجه به آن‌ها، معنای اختلافی حدیث فوق را روشن می‌کند. در واقع این روایت دعوت به عمل و ترک بی‌قیدی و پشت سر اندازی، چه در کارهای به اصطلاح دنیایی و چه در کارهای آخرتی، را توصیه کرده است. چون انسان در خانه‌ای زندگی می‌کند که می‌داند مدتی دیگر باید به خانه‌ای دیگر منتقل شود. ولی از آنجا که نمی‌داند کی باید از این خانه برود، بنابراین به عنوان ساکن فعلی، نسبت به کارهای این خانه باید فرض کند که همیشه در اینجا باقی خواهد بود و اگر نیاز به تغییر و اصلاح دارد، انجام دهد. ولی نسبت به کارهای خانه دوم که فردا حتماً منتقل می‌شود باید هرچه زودتر نواقص و نا تمامی‌های آنجا را تکمیل کند. نتیجه این دستور این است که انسان در هر دو قسمت کوشا و جدی می‌شود.

قرآن نیز به نکته‌ی ظریفی در این زمینه اشاره نموده:

"يَعْلَمُونَ ظَاهِراً مِنَ الْحَيَاةِ الدُّنْيَا وَ هُمْ عَنِ الْآخِرَةِ هُمْ غَافِلُونَ"[2]

---

[1]. وسائل‌الشیعه، جلد ۲، ص ۵۳۳
[2]. سوره روم، آیه ۷

« اینان ظاهری از زندگی دنیا را دیده و شناخته‌اند و از آخرت غافل اند »

به نظر می‌رسد اگر فقط ظاهر را ندیده بودند، و از ظاهر به باطن نیز پی می‌بردند، آخرت را هم می‌دیدند. یعنی باطن‌بینان در زندگی دنیا آخرت را هم می‌بینند. در جای دیگر حضرت علی می‌فرماید:

"إِنَّ أَوْلِيَاءَ اللَّهِ هُمُ الَّذِينَ نَظَرُوا إِلَى بَاطِنِ الدُّنْيَا إِذَا نَظَرَ النَّاسُ إِلَى ظَاهِرِهَا وَ اشْتَغَلُوا بِآجِلِهَا إِذَا اشْتَغَلَ النَّاسُ بِعَاجِلِهَا"[1]

« همانا دوستان خدا کسانی هستند که به باطن نظر می‌کنند در حالی که مردم به ظاهر آن می‌نگرند. آنها به فردای دنیا پرداختند، در حالی که مردم خود را سرگرم امروز آن ساختند »

بنابر آنچه گفته شد جاودانه نگری که در پرتو «مرگ‌اندیشی» به دست آمده همواره این نکته را گوشزد می‌کند که زندگی دنیایی کشت‌گاه آخرت است. *الدنیا مزرعه الآخره* یعنی باید کاشت و آنجا برداشت.

- پرهیز از دنیاپرستی

از جمله مباحثی که حضرت علی(ع) در نهج‌البلاغه به دفعات از آن نهی و دوری از آن را توصیه کرده‌اند، دنیا پرستی است. رسول اکرم(ص) و سایر ائمه نیز همواره درباره‌ی غرور و فریب دنیا و خطرات ناشی از مال اندوزی و تجمل گرایی و سرگرمی به آن هشدار داده‌اند. این امر تصادفی نبوده، بلکه به دلیل یک سلسله خطرات عظیمی است که حضرت علی(ع) آن را در دوره خلافت خلفا خصوصا دوره‌ی عثمان، لمس می‌کردند، با بیانی که در خطبه‌ها و نامه‌ها و سایر کلماتش منعکس شده، به مبارزه‌ای منطقی با آنها پرداخته است. آن هنگام که فتوحات بزرگی نصیب مسلمانان شد و مال و ثروت فراوانی را به جهان اسلام سرازیر کرد، ثروتی که به جای اینکه به مصرف عموم برسد، در اختیار افراد و شخصیت‌هایی قرار گرفت که تا چند سال پیش فاقد هر گونه سرمایه‌ای بودند، و آنها را دارای ثروت بی‌حساب کرد و از آنجا اخلاق امت اسلام رو به انحطاط گرایید. مخاطب فریادهای علی(ع) در آن عصر، امت اسلام بود که

---

[1]. نهج البلاغه، حکمت ۴۳۲

دچار بیماری مزمن «دنیا زدگی» و «رفاه زدگی» شده بود.[1] بیشتر این عتاب‌ها و فریادهای امیر مومنان در نهج‌البلاغه با یادآوری مرگ همراه بوده است که چند نمونه از آن‌ها در زیر آورده شده است:

"نَحْمَدُهُ عَلَى مَا كَانَ وَ نَسْتَعِينُهُ مِنْ أَمْرِنَا عَلَى مَا يَكُونُ وَ نَسْأَلُهُ الْمُعَافَاةَ فِي الْأَدْيَانِ كَمَا نَسْأَلُهُ الْمُعَافَاةَ فِي الْأَبْدَانِ عِبَادَ اللَّهِ أُوصِيكُمْ بِالرَّفْضِ لِهَذِهِ الدُّنْيَا التَّارِكَةِ لَكُمْ وَ إِنْ لَمْ تُحِبُّوا تَرْكَهَا وَ الْمُبْلِيَةِ لِأَجْسَامِكُمْ وَ إِنْ كُنْتُمْ تُحِبُّونَ تَجْدِيدَهَا فَإِنَّمَا مَثَلُكُمْ وَ مَثَلُهَا كَسَفْرٍ سَلَكُوا سَبِيلًا فَكَأَنَّهُمْ قَدْ قَطَعُوهُ وَ أَمُّوا عَلَماً فَكَأَنَّهُمْ قَدْ بَلَغُوهُ وَ كَمْ عَسَى الْمُجْرِي إِلَى الْغَايَةِ أَنْ يَجْرِيَ إِلَيْهَا حَتَّى يَبْلُغَهَا وَ مَا عَسَى أَنْ يَكُونَ بَقَاءُ مَنْ لَهُ يَوْمٌ لَا يَعْدُوهُ وَ طَالِبٌ حَثِيثٌ يَحْدُوهُ فِي الدُّنْيَا حَتَّى يُفَارِقَهَا ......[2]"

« ای بندگان خدا، شما را به ترک دنیایی سفارش می‌کنم که شما را رها می‌سازد، گر چه شما جدایی از آن را دوست ندارید، دنیایی که بدن‌های شما را کهنه و فرسوده می‌کند، با اینکه دوست دارید همواره تازه و پاکیزه بمانید. شما و دنیا به مسافرانی مانید که تا گام در آن نهند، احساس دارند که به پایان راه رسیده‌اند، و تا قصد رسیدن به نشانی کرده‌اند، گویا بدان دست یافتند، در حالی که تا رسیدن به هدف نهایی هنوز فاصله‌های زیادی است. چگونه می‌تواند به مقصد رسد کسی که روز معیّنی در پیش دارد و از آن تجاوز نخواهد کرد مرگ به سرعت او را می‌راند، و عوامل مختلف او را بر خلاف خواسته خود از دنیا جدا می‌سازد.... »

و در جای دیگر فرموده است

"أَمَّا بَعْدُ فَإِنِّي أُحَذِّرُكُمُ الدُّنْيَا فَإِنَّهَا حُلْوَةٌ خَضِرَةٌ حُفَّتْ بِالشَّهَوَاتِ وَ تَحَبَّبَتْ بِالْعَاجِلَةِ وَ رَاقَتْ بِالْقَلِيلِ وَ تَحَلَّتْ بِالْآمَالِ وَ تَزَيَّنَتْ بِالْغُرُورِ لَا تَدُومُ حَبْرَتُهَا وَ لَا تُؤْمَنُ فَجْعَتُهَا غَرَّارَةٌ[3]"

« همانا من شما را از دنیای حرام می‌ترسانم، زیرا در کام شیرین، و در دیده انسان سبز و رنگارنگ است، در شهوات و خواهش‌های نفسانی پوشیده شده، و با نعمت‌های زود گذر دوستی می‌ورزد، با متاع اندک زیبا جلوه می‌کند، و در

---

[1]. شهید مطهری، 1372، 258
[2]. نهج‌البلاغه، خطبه 98
[3]. نهج‌البلاغه، خطبه 110

لباس آرزوها خود را نشان می‌دهد، و با زینت غرور خود را می‌آراید، شادی آن دوام ندارد، و کسی از اندوه آن ایمن نیست »

"ضَرَّارَةٌ حَائِلَةٌ زَائِلَةٌ نَافِدَةٌ بَائِدَةٌ أَكَّالَةٌ غَوَّالَةٌ لَا تَعْدُو إِذَا تَنَاهَتْ إِلَى مُنْيَةِ أَهْلِ الرَّغْبَةِ فِيهَا وَ الرِّضَاءِ بِهَا أَنْ تَكُونَ كَمَا"[1]

« دنیای حرام بسیار فریبنده و بسیار زیان رساننده است، دگرگون شونده و ناپایدار، فنا پذیر و مرگبار، و کشنده‌ای تبهکار است، و آنگاه که به دست آرزومندان افتاد و با خواهش‌های آنان دمساز می‌نگرند که جز سرابی بیش نیست »

"لَمْ يَكُنِ امْرُؤٌ مِنْهَا فِی حَبْرَةٍ إِلَّا أَعْقَبَتْهُ بَعْدَهَا عَبْرَةً وَ لَمْ يَلْقَ مِنْ سَرَّائِهَا بَطْناً إِلَّا مَنَحَتْهُ مِنْ ضَرَّائِهَا ظَهْراً وَ لَمْ تَطُلَّهُ فِيهَا دِيمَةُ رَخَاءٍ إِلَّا هَتَنَتْ عَلَيْهِ مُزْنَةُ بَلَاءٍ وَ حَرِیٌّ إِذَا أَصْبَحَتْ لَهُ مُنْتَصِرَةً أَنْ تُمْسِیَ لَهُ مُتَنَكِّرَةً وَ إِنْ جَانِبٌ مِنْهَا اعْذَوْذَبَ وَ احْلَوْلَى جَانِبٌ مِنْهَا أَمَرَّ فَأَوْبَى لَا يَنَالُ امْرُؤٌ مِنْ غَضَارَتِهَا رَغَباً إِلَّا أَرْهَقَتْهُ مِنْ نَوَائِبِهَا تَعَباً وَ لَا يُمْسِی مِنْهَا فِی جَنَاحِ أَمْنٍ إِلَّا أَصْبَحَ عَلَى قَوَادِمِ خَوْفٍ غَرَّارَةٌ غُرُورٌ مَا فِيهَا فَانِيَةٌ فَانٍ مَنْ"[2]

« کسی از دنیا شادمانی ندید جز آن که پس از آن با اشک و آه روبرو شد، هنوز با خوشی‌های دنیا روبرو نشده است که با ناراحتیها و پشت کردن آن مبتلا می‌گردد، شبنمی از رفاه و خوشی دنیا بر کسی فرود نیامده جز آن که سیل بلاها همه چیز را از بیخ و بن می‌کنند. هر گاه صبحگاهان به یاری کسی برخیزد، شامگاهان خود را به ناشناسی می‌زنند، اگر از یک طرف شیرین و گوارا باشد از طرف دیگر تلخ و ناگوار است. کسی از فراوانی نعمت‌های دنیا کام نگرفت جز آن که مشکلات و سختی‌ها دامنگیر او شد، شبی را در آغوش امن دنیا به سر نبرده جز آن که صبحگاهان بال‌های ترس و وحشت بر سر او کوبید، بسیار فریبنده است و آنچه در دنیاست نیز فریبندگی دارد، فانی و زودگذر است، و هر کس در آن زندگی می‌کند فنا می‌پذیرد »

"وَ أُحَذِّرُكُمُ الدُّنْيَا فَإِنَّهَا مَنْزِلُ قُلْعَةٍ وَ لَيْسَتْ بِدَارِ نُجْعَةٍ قَدْ تَزَيَّنَتْ بِغُرُورِهَا وَ غَرَّتْ بِزِينَتِهَا دَارٌ هَانَتْ عَلَى رَبِّهَا فَخَلَطَ حَلَالَهَا بِحَرَامِهَا وَ خَيْرَهَا بِشَرِّهَا وَ حَيَاتَهَا بِمَوْتِهَا وَ حُلْوَهَا بِمُرِّهَا لَمْ يُصَفِّهَا اللَّهُ تَعَالَى لِأَوْلِيَائِهِ وَ لَمْ يَضِنَّ بِهَا عَلَى أَعْدَائِهِ

---

[1]. همان
[2]. نهج‌البلاغه، خطبه ۱۱۰

خَيْرُهَا زَهِيدٌ وَ شَرُّهَا عَتِيدٌ وَ جَمْعُهَا يَنْفَدُ وَ مُلْكُهَا يُسْلَبُ وَ عَامِرُهَا يَخْرَبُ فَمَا خَيْرُ دَارٍ تُنْقَضُ نَقْضَ الْبِنَاءِ وَ عُمْرٍ يَفْنَى فِيهَا فَنَاءَ الزَّادِ وَ مُدَّةٍ تَنْقَطِعُ انْقِطَاعَ السَّيْرِ"[1]

« شما را از دنیا پرستی می‌ترسانم، زیرا دنیا منزلگاهی است برای کوچ کردن، نه منزلی برای همیشه ماندن. دنیا خود را با غرور زینت داده و با زینت و زیبایی می‌فریبد. خانه‌ای است که نزد خداوند بی مقدار است، زیرا که حلال آن با حرام، و خوبی آن با بدی، و زندگی در آن با مرگ، و شیرینی آن با تلخی‌ها در آمیخته است، خداوند آن را برای دوستانش انتخاب نکرد. و در بخشیدن آن به دشمنانش دریغ نفرمود. خیر دنیا اندک، و شرّ آن آماده، و فراهم آمده‌اش پراکنده، و ملک آن غارت شده، و آبادانی آن رو به ویرانی نهاده است. چه ارزشی دارد خانه‌ای که پایه‌های آن در حال فروریختن و عمر آن چون زاد و توشه پایان می‌پذیرد و چه لذّتی دارد زندگانی که چونان مدّت سفر به آخر می‌رسد؟ »

"وَ اللَّهِ الْجِدُّ لَا اللَّعِبُ وَ الْحَقُّ لَا الْكَذِبُ وَ مَا هُوَ إِلَّا الْمَوْتُ قَدْ أَسْمَعَ دَاعِيهِ وَ أَعْجَلَ حَادِيهِ فَلَا يَغُرَّنَّكَ سَوَادُ النَّاسِ مِنْ نَفْسِكَ فَقَدْ رَأَيْتَ مَنْ كَانَ قَبْلَكَ مِمَّنْ جَمَعَ الْمَالَ وَ حَذِرَ الْإِقْلَالَ وَ أَمِنَ الْعَوَاقِبَ طُولَ أَمَلٍ وَ اسْتِبْعَادَ أَجَلٍ كَيْفَ نَزَلَ بِهِ الْمَوْتُ فَأَزْعَجَهُ عَنْ وَطَنِهِ وَ أَخَذَهُ مِنْ مَأْمَنِهِ مَحْمُولًا عَلَى أَعْوَادِ الْمَنَايَا يَتَعَاطَى بِهِ الرِّجَالُ الرِّجَالَ حَمْلًا عَلَى الْمَنَاكِبِ وَ إِمْسَاكاً بِالْأَنَامِلِ أَ مَا رَأَيْتُمُ الَّذِينَ يَأْمُلُونَ بَعِيداً وَ يَبْنُونَ مَشِيداً وَ يَجْمَعُونَ كَثِيراً كَيْفَ أَصْبَحَتْ بُيُوتُهُمْ قُبُوراً وَ مَا جَمَعُوا بُوراً وَ صَارَتْ أَمْوَالُهُمْ لِلْوَارِثِينَ"[2]

« به خدا سوگند، این که می‌گویم بازی نیست، جدّی و حقیقت است، دروغ نیست، و آن چیزی جز مرگ نیست، که بانگ دعوت کننده‌اش رسا، و به سرعت همه را میراند، پس انبوه زندگان، و طرفداران، تو را فریب ندهند، همانا گذشتگان را دیدی که ثروت‌ها اندوختند و از فقر و بیچارگی وحشت داشتند و با آرزوهای طولانی فکر می‌کردند در امانند. و مرگ را دور می‌پنداشتند. دیدی که چگونه مرگ بر سرشان فرود آمد و آنان را از وطنشان بیرون راند و از خانه أمن کوچشان داد که بر چوبه تابوت نشستند، و مردم آن را دست به دست می‌کردند و بر دوش گرفته و با سر انگشت خویش نگاه می‌داشتند. آیا ندیدید آنان را که آرزوهای دور و دراز داشتند، و کاخ‌های استوار می‌ساختند،

---

[1]. همان، خطبه 112
[2]. نهج‌البلاغه، خطبه ۱۳۲

و مال‌های فراوان می‌اندوختند، چگونه خانه‌هایشان گورستان شد و اموال جمع آوری شده‌شان تباه و پراکنده و از آن وارثان گردید »

و در نامه ۳۱، امام ضمن توصیه اکید به یاد مرگ، متذکر نزاع دنیاپرستانی که بر سر جیفه‌ای بر هم چنگ می‌کشند می‌شوند و به فرزند گرامی‌شان یادآور می‌شوند:

" يَا بُنَيَّ أَكْثِرْ مِنْ ذِكْرِ الْمَوْتِ وَ ذِكْرِ مَا تَهْجُمُ عَلَيْهِ وَ تُفْضِي بَعْدَ الْمَوْتِ إِلَيْهِ حَتَّى يَأْتِيَكَ وَ قَدْ أَخَذْتَ مِنْهُ حِذْرَكَ وَ شَدَدْتَ لَهُ أَزْرَكَ وَ لَا يَأْتِيَكَ بَغْتَةً فَيَبْهَرَكَ وَ إِيَّاكَ أَنْ تَغْتَرَّ بِمَا تَرَى مِنْ إِخْلَادِ أَهْلِ الدُّنْيَا إِلَيْهَا وَ تَكَالُبِهِمْ عَلَيْهَا فَقَدْ نَبَّأَكَ اللَّهُ عَنْهَا وَ نَعَتْ هِيَ لَكَ عَنْ نَفْسِهَا وَ تَكَشَّفَتْ لَكَ عَنْ مَسَاوِيهَا فَإِنَّمَا أَهْلُهَا كِلَابٌ عَاوِيَةٌ وَ سِبَاعٌ ضَارِيَةٌ يَهِرُّ بَعْضُهَا عَلَى بَعْضٍ وَ يَأْكُلُ عَزِيزُهَا ذَلِيلَهَا وَ يَقْهَرُ كَبِيرُهَا صَغِيرَهَا "

« ای فرزندم: زیاد به یاد مرگ و حوادث بعد از مرگ باش که اگر ناگهان آمد توشه‌ای آماده ساخته و کمر خود را بسته باشی. و یک وقت ناگهان نیاید که تو قدرت هیچ کاری را نداشته باشی. مبادا فریفته شوی که بینی اهل دنیا دل به دنیا بسته‌اند و برای جمع‌آوری مال دنیا بر سر هم می‌کوبند. خداوند تبارک و تعالی تو را از دنیا با خبر ساخته و اوصاف آن را برایت بیان فرموده و زشتی‌هایش را برای تو آشکار نموده. به تحقیق اهل دنیا چون سگان عوعو می‌کنند و چون درندگان به دنبال طعمه هستند. بعضی از آنها نسبت به بعضی دیگر نفرت دارند و نیرومندشان افراد ناتوان را طعمه خویش قرار می‌دهند. بزرگانشان بر کوچکترها چیره می‌شوند »

" يَا بُنَيَّ إِنِّي قَدْ أَنْبَأْتُكَ عَنِ الدُّنْيَا وَ حَالِهَا وَ زَوَالِهَا وَ انْتِقَالِهَا وَ أَنْبَأْتُكَ عَنِ الْآخِرَةِ وَ مَا أُعِدَّ لِأَهْلِهَا فِيهَا وَ ضَرَبْتُ لَكَ فِيهِمَا الْأَمْثَالَ لِتَعْتَبِرَ بِهَا وَ تَحْذُوَ عَلَيْهَا إِنَّمَا مَثَلُ مَنْ خَبَرَ الدُّنْيَا كَمَثَلِ قَوْمٍ سَفْرٍ نَبَا بِهِمْ مَنْزِلٌ جَدِيبٌ فَأَمُّوا مَنْزِلًا خَصِيباً وَ جَنَاباً مَرِيعاً فَاحْتَمَلُوا وَعْثَاءَ الطَّرِيقِ وَ فِرَاقَ الصَّدِيقِ وَ خُشُونَةَ السَّفَرِ وَ جُشُوبَةَ الْمَطْعَمِ لِيَأْتُوا سَعَةَ دَارِهِمْ وَ مَنْزِلَ قَرَارِهِمْ فَلَيْسَ يَجِدُونَ لِشَيْءٍ مِنْ ذَلِكَ أَلَماً وَ لَا يَرَوْنَ نَفَقَةً فِيهِ مَغْرَماً وَ لَا شَيْءَ أَحَبُّ إِلَيْهِمْ مِمَّا قَرَّبَهُمْ مِنْ مَنْزِلِهِمْ وَ أَدْنَاهُمْ مِنْ مَحَلَّتِهِمْ وَ مَثَلُ مَنِ اغْتَرَّ بِهَا كَمَثَلِ قَوْمٍ كَانُوا بِمَنْزِلٍ خَصِيبٍ فَنَبَا بِهِمْ إِلَى مَنْزِلٍ جَدِيبٍ فَلَيْسَ شَيْءٌ أَكْرَهَ إِلَيْهِمْ وَ لَا أَفْظَعَ عِنْدَهُمْ مِنْ مُفَارَقَةِ مَا كَانُوا فِيهِ إِلَى مَا يَهْجُمُونَ عَلَيْهِ وَ يَصِيرُونَ إِلَيْهِ "[1]

---

[1]. نهج‌البلاغه، نامه ۳۱

« ای پسرم، من از تو را از دنیا و تحوّلات گوناگونش، و نابودی و دست به دست گردیدنش آگاه کردم، و از آخرت و آنچه برای انسان‌ها در آنجا فراهم است اطّلاع دادم، و برای هر دو مثال‌ها زدم، تا پند پذیری، و راه و رسم زندگی بیاموزی، همانا داستان آن کس که دنیا را آزمود، چونان مسافرانی است که در سر منزلی بی آب و علف و دشوار اقامت دارند و قصد کوچ کردن به سرزمینی را دارند که در آنجا آسایش و رفاه فراهم است. پس مشکلات راه را تحمّل می‌کنند، و جدایی دوستان را می‌پذیرند، و سختی سفر، و ناگواری غذا را با جان و دل قبول می‌کنند، تا به جایگاه وسیع، و منزلگاه امن، با آرامش قدم بگذارند، و از تمام سختی‌های طول سفر احساس ناراحتی ندارند و هزینه‌های مصرف شده را غرامت نمی‌شمارند و هیچ چیز برای آنان دوست داشتنی نیست جز آن که به منزل امن، و محل آرامش برسند. امّا داستان دنیاپرستان همانند گروهی است که از جایگاهی پر از نعمت‌ها می‌خواهند به سرزمین خشک و بی آب و علف کوچ کنند، پس در نظر آنان چیزی ناراحت کننده‌تر از این نیست که از جایگاه خود جدا می‌شوند، و ناراحتی‌ها را باید تحمّل کنند »

"وَ اعْلَمْ يَا بُنَيَّ أَنَّكَ إِنَّمَا خُلِقْتَ لِلْآخِرَةِ لَا لِلدُّنْيَا وَ لِلْفَنَاءِ لَا لِلْبَقَاءِ وَ لِلْمَوْتِ لَا لِلْحَيَاةِ وَ أَنَّكَ فِي قُلْعَةٍ وَ دَارِ بُلْغَةٍ وَ طَرِيقٍ إِلَى الْآخِرَةِ وَ أَنَّكَ طَرِيدُ الْمَوْتِ الَّذِي لَا يَنْجُو مِنْهُ هَارِبُهُ وَ لَا يَفُوتُهُ طَالِبُهُ وَ لَا بُدَّ أَنَّهُ مُدْرِكُهُ فَكُنْ مِنْهُ عَلَى حَذَرٍ أَنْ يُدْرِكَكَ وَ أَنْتَ عَلَى حَالٍ سَيِّئَةٍ قَدْ كُنْتَ تُحَدِّثُ نَفْسَكَ مِنْهَا بِالتَّوْبَةِ فَيَحُولَ بَيْنَكَ وَ بَيْنَ ذَلِكَ فَإِذَا أَنْتَ قَدْ أَهْلَكْتَ نَفْسَكَ يَا بُنَيَّ أَكْثِرْ مِنْ ذِكْرِ الْمَوْتِ وَ ذِكْرِ مَا تَهْجُمُ عَلَيْهِ وَ تُفْضِي بَعْدَ الْمَوْتِ إِلَيْهِ حَتَّى يَأْتِيَكَ وَ قَدْ أَخَذْتَ مِنْهُ حِذْرَكَ وَ شَدَدْتَ لَهُ أَزْرَكَ وَ لَا يَأْتِيَكَ بَغْتَةً فَيَبْهَرَكَ وَ إِيَّاكَ أَنْ تَغْتَرَّ بِمَا تَرَى مِنْ إِخْلَادِ أَهْلِ الدُّنْيَا إِلَيْهَا وَ تَكَالُبِهِمْ عَلَيْهَا فَقَدْ نَبَّأَكَ اللَّهُ عَنْهَا وَ نَعَتْ هِيَ لَكَ عَنْ نَفْسِهَا وَ تَكَشَّفَتْ لَكَ عَنْ مَسَاوِيهَا"[1]

« پسرم، بدان تو برای آخرت آفریده شدی، نه دنیا، برای رفتن از دنیا، نه پایدار ماندن در آن، برای مرگ، نه زندگی جاودانه در دنیا، که هر لحظه ممکن است از دنیا کوچ کنی، و به آخرت در آیی. و تو شکار مرگی هستی که فرار کننده آن نجاتی ندارد، و هر که را بجوید به آن می‌رسد، و سرانجام او را می‌گیرد. پس، از مرگ بترس نکند زمانی سراغ تو را گیرد که در حال گناه یا در انتظار توبه کردن باشی و مرگ مهلت ندهد و بین تو و توبه فاصله اندازد، که در این حال خود را تباه کرده‌ای. پسرم فراوان بیاد مرگ باش، و به یاد آنچه که به سوی آن می‌روی، و پس از مرگ

---

[1]. نهج‌البلاغه، نامه ۳۱

در آن قرار می‌گیری. تا هنگام ملاقات با مرگ از هر نظر آماده باش، نیروی خود را افزون، و کمر همّت را بسته نگهدار که ناگهان نیاید و تو را مغلوب سازد. مبادا دلبستگی فراوان دنیا پرستان، و تهاجم حریصانه آنان به دنیا، تو را مغرور کند، چرا که خداوند تو را از حالات دنیا آگاه کرده، و دنیا نیز از وضع خود تو را خبر داده، و از زشتی‌های روزگار پرده برداشته است »

"فَإِنَّمَا أَهْلُهَا كِلَابٌ عَاوِيَةٌ وَ سِبَاعٌ ضَارِيَةٌ يَهِرُّ بَعْضُهَا عَلَى بَعْضٍ وَ يَأْكُلُ عَزِيزُهَا ذَلِيلَهَا وَ يَقْهَرُ كَبِيرُهَا صَغِيرَهَا نَعَمٌ مُعَقَّلَةٌ وَ أُخْرَى مُهْمَلَةٌ قَدْ أَضَلَّتْ عُقُولَهَا وَ رَكِبَتْ مَجْهُولَهَا سُرُوحُ عَاهَةٍ بِوَادٍ وَعْثٍ لَيْسَ لَهَا رَاعٍ يُقِيمُهَا وَ لَا مُسِيمٌ يُسِيمُهَا سَلَكَتْ بِهِمُ الدُّنْيَا طَرِيقَ الْعَمَى وَ أَخَذَتْ بِأَبْصَارِهِمْ عَنْ مَنَارِ الْهُدَى فَتَاهُوا فِي حَيْرَتِهَا وَ غَرِقُوا فِي نِعْمَتِهَا وَ اتَّخَذُوهَا رَبّاً فَلَعِبَتْ بِهِمْ وَ لَعِبُوا بِهَا وَ نَسُوا مَا وَرَاءَهَا رُوَيْداً يُسْفِرُ الظَّلَامُ كَأَنْ قَدْ وَرَدَتِ الْأَظْعَانُ يُوشِكُ مَنْ أَسْرَعَ أَنْ يَلْحَقَ وَ اعْلَمْ يَا بُنَيَّ أَنَّ مَنْ كَانَتْ مَطِيَّتُهُ اللَّيْلَ وَ النَّهَارَ فَإِنَّهُ يُسَارُ بِهِ وَ إِنْ كَانَ وَاقِفاً وَ يَقْطَعُ الْمَسَافَةَ وَ إِنْ كَانَ مُقِيماً وَادِعاً"[1]

همانا دنیا پرستان چونان سگ‌های درنده، عوعوکنان، برای دریدن صید در شتابند، برخی به برخی دیگر هجوم هجوم آورند، و نیرومندشان، ناتوان را می‌خورد، و بزرگ‌ترها کوچک‌ترها را. و یا چونان شترانی هستند که برخی از آنها پای بسته، و برخی دیگر در بیابان رها شده، که راه گم کرده و در جاده‌های نامعلومی در حرکتند، و در وادی پر از آفت‌ها، و در شنزاری که حرکت با کندی صورت می‌گیرد گرفتارند، نه چوپانی دارند که به کارشان برسد، و نه چراننده‌ای که به چراگاهشان ببرد. دنیا آنها را به راه کوری کشاند. و دیدگانشان را از چراغ هدایت بپوشاند، در بیراهه سرگردان، و در نعمت‌ها غرق شده‌اند که نعمت‌ها را پروردگار خود قرار دادند. هم دنیا آنها را به بازی گرفته، و هم آنها با دنیا به بازی پرداخته، و آخرت را فراموش کرده‌اند. اندکی مهلت ده، بزودی تاریکی بر طرف می‌شود، گویا مسافران به منزل رسیده‌اند، و آن کس که شتاب کند آن به کاروان خواهد رسید. پسرم بدان آن کس که مرکبش شب و روز آماده است همواره در حرکت خواهد بود، هر چند خود را ساکن پندارد، و همواره راه می‌پیماید هر چند در جای خود ایستاده و راحت باشد.

در همه‌ی این نامه‌ها و خطبه‌ها حضرت بر مذمت دنیا و اینکه نباید به آن دل بست، پافشاری کرده‌اند. اولیای خدا همواره از خدا خواسته‌اند که محبت دنیا را از قلبشان بزداید. در یکی از دعاهای وارده شب ۲۷ ماه مبارک رمضان،

---

[1]. نهج‌البلاغه، نامه ۳۱

آمده است: " اللهم ارزقنی التجافی عن دار الغرور و عنابه الی دار الخلود و الاستعداد للموت قبل هلول الفوت" خداوندا توفیق کناره گرفتن از دار غرور دنیا و روی‌آوردن به سرای خلود و آمادگی برای قبل از مردن را به من عطا فرما. امام زین العابدین نیز در فرازی از دعای ابوحمزه ثمالی دوری از دنیا پرستی و دنیا زدگی و خروج محبت دنیا را از خداوند طلب می‌کند و پس از آن بسیار بر مردن خویش و احوالات هنگام فرا رسیدن آن می‌گرید.

"سَیِّدی اَخْرِجْ حُبَّ الدُّنْیا مِنْ قَلْبی وَاجْمَعْ بَیْنی وَبَیْنَ الْمُصْطَفی وَآلِهِ خِیَرَتِکَ مِنْ خَلْقِکَ وَخاتَمِ النَّبِیّینَ مُحَمَّدٍ صَلَّی اللَّهُ عَلَیْهِ وَآلِهِ وَانْقُلْنی اِلی دَرَجَهِ التَّوْبَهِ اِلَیْکَ وَاَعِنّی بِالْبُکاءِ عَلی نَفْسی فَقَدْ اَفْنَیْتُ بِالتَّسْویفِ وَالْآمالِ عُمْری وَقَدْ نَزَلْتُ مَنْزِلَهَ الْآیِسینَ مِنْ خَیْری فَمَنْ یَکُونُ اَسْوَءَ حالاً مِنّی اِنْ اَنَا نُقِلْتُ عَلی مِثْلِ حالی اِلی قَبْری وَلَمْ اُمَهِّدْهُ لِرَقْدَتی وَلَمْ اَفْرُشْهُ بِالْعَمَلِ الصَّالِحِ لِضَجْعَتی وَمالی لا اَبْکی ...[1]"

« ای آقای من محبت دنیا را از دلم بیرون کن و جمع کن میان من و میان پیمبرت حضرت مصطفی و آلش، برگزیدگان خلقت و خاتم پیمبران محمد(ص) و مرا به درجه توبه و بازگشت بسویت برسان و یاریم ده به گریه کردن بر خویشتن زیرا که من عمرم را به امروز و فردا کردن و آرزوها گذراندم و درآمده‌ام در جایگاه ناامیدان از خیر خودم پس کیست که بدحال تر از من باشد اگر بر این حال بسوی قبرم منتقل گردم؟ زیرا که آماده‌اش نکرده‌ام برای خوابیدنم، و فرش نکرده‌ام آنرا به عمل صالح برای آرمیدنم، و چرا گریه نکنم؟ ... »

- اعتدال و میانه‌روی

همان طور که در بخش قبل گفته شد غلبه خوف بر امید، انسان را به یأس و سستی می کشاند و غلبه رجا و طمع، انسان را به غرور و غفلت وامیدارد و این هر دو دشمن حرکت تکاملی انسان در مسیر او به سوی خدا است. اجتماع خوف و رجا در انسان، به معنی بهره‌مندی وی از این دو ویژگی درونی است به طوری که تعادل درونی خود را به

---

[1]. دعای ابوحمزه ثمالی

طور مداوم حفظ کند و هرگاه غرور و غفلت دامنگیر او شد خوف و ترس سراسر وجودش را فرا گیرد و هرگاه ناامید و افسردگی دامنگیر او شد رجاء و امید به رحمت دل او را لبریز کند. امیر مؤمنان علی(ع) در این زمینه می‌فرمایند:

"خیر الاعمال اعتدال الرجاء والخوف"[1]   «بهترین عمل‌ها تعادل میان امید و بیم است»

- مدیریت زمان و غنیمت شمردن فرصت دنیا

ائمۀ اطهار و اولیای دین نسبت به غنیمت شمردن فرصت‌های دنیایی فراوان سفارش کرده‌اند و دائماً هشدار داده‌اند که مواظب فرصت‌ها و زمان‌هایی که در اختیارتان است باشید، نه امکان پس‌انداز کردن وقت وجود دارد و نه امکان بازگرداندن آن. یکی از شاخصه‌های دین‌داری و ایمان این دانسته شده است که شخص مؤمن برای همۀ اوقاتش برنامه‌ریزی دارد. هیچ وقتی را برای بیکاری و بطالت نمی‌گذراند. به قول علامه محمد تقی جعفری از همه در و دیوار جهانی که در آن زندگی می‌کنیم، این فریاد هشدار شنیده می‌شود:

مرا در منزل جانان چه امن عیش چون هر دم   جرس فریاد می‌دارد که بربندید محمل‌ها

هشدار این که زندگی بسرعت می‌گذرد و حتی یک لحظه توقف برای این جویبار امکان ندارد.

و لحظه‌ای که وجود ما از آن عبور کرده یا بر وجود ما گذشته است، احتمال بازگشت ندارد. آرزوی برگرداندن لحظات سپری شدۀ عمر، چنان است که آرزوی برگردانیدن عقربک بزرگ کیهانی را در سر بپرورانیم.

در زیر به خطبه‌های متعدد حضرت علی(ع) که در مورد مهلت‌هایی که به مردم داده شده، هشدار می‌دهند و سرعت فرا رسیدن مرگ و اهمیت مدیریت زمان را در آن گوشزد می‌کنند، اشاره شده است.

"عِبَادَ اللَّهِ الْآنَ فَاعْمَلُوا وَ الْأَلْسُنُ مُطْلَقَةٌ وَ الْأَبْدَانُ صَحِيحَةٌ وَ الْأَعْضَاءُ لَدْنَةٌ وَ الْمُنْقَلَبُ فَسِيحٌ وَ الْمَجَالُ عَرِيضٌ قَبْلَ إِرْهَاقِ الْفَوْتِ وَ حُلُولِ الْمَوْتِ فَحَقِّقُوا عَلَيْكُمْ نُزُولَهُ وَ لَا تَنْتَظِرُوا قُدُومَهُ"[2]

---

[1]. میزان الحکمه، ج 3، ص 179
[2]. نهج‌البلاغه، خطبه 187

« ای بندگان خدا، هم اکنون عمل کنید، که زبانها آزاد، و بدنها سالم، و اعضاء و جوارح آماده‌اند، و راه بازگشت فراهم، و فرصت زیاد است، پیش از آن که وقت از دست برود، و مرگ فرا رسد، پس فرارسیدن مرگ را حتمی بشمارید، و در انتظار آمدنش به سر نبرید »

"أُوصِيكُمْ أَيُّهَا النَّاسُ بِتَقْوَى اللَّهِ وَ كَثْرَةِ حَمْدِهِ عَلَى آلَائِهِ إِلَيْكُمْ وَ نَعْمَائِهِ عَلَيْكُمْ وَ بَلَائِهِ لَدَيْكُمْ فَكَمْ خَصَّكُمْ بِنِعْمَةٍ وَ تَدَارَكَكُمْ بِرَحْمَةٍ أَعْوَرْتُمْ لَهُ فَسَتَرَكُمْ وَ تَعَرَّضْتُمْ لِأَخْذِهِ فَأَمْهَلَكُمْ وَ أُوصِيكُمْ بِذِكْرِ الْمَوْتِ وَ إِقْلَالِ الْغَفْلَةِ عَنْهُ وَ كَيْفَ غَفْلَتُكُمْ عَمَّا لَيْسَ يُغْفِلُكُمْ وَ طَمَعُكُمْ فِيمَنْ لَيْسَ يُمْهِلُكُمْ فَكَفَى وَاعِظاً بِمَوْتَى عَايَنْتُمُوهُمْ حُمِلُوا إِلَى قُبُورِهِمْ غَيْرَ رَاكِبِينَ وَ أُنْزِلُوا فِيهَا غَيْرَ نَازِلِينَ فَكَأَنَّهُمْ لَمْ يَكُونُوا لِلدُّنْيَا عُمَّاراً وَ كَأَنَّ الْآخِرَةَ لَمْ تَزَلْ لَهُمْ دَاراً أَوْحَشُوا مَا كَانُوا يُوطِنُونَ وَ أَوْطَنُوا مَا كَانُوا يُوحِشُونَ وَ اشْتَغَلُوا بِمَا فَارَقُوا وَ أَضَاعُوا مَا إِلَيْهِ انْتَقَلُوا لَا عَنْ قَبِيحٍ يَسْتَطِيعُونَ انْتِقَالًا وَ لَا فِي حَسَنٍ يَسْتَطِيعُونَ ازْدِيَاداً أَنِسُوا بِالدُّنْيَا فَغَرَّتْهُمْ وَ وَثِقُوا بِهَا فَصَرَعَتْهُمْ فَسَابِقُوا رَحِمَكُمُ اللَّهُ إِلَى مَنَازِلِكُمُ الَّتِي أُمِرْتُمْ أَنْ تَعْمُرُوهَا وَ الَّتِي رُغِّبْتُمْ فِيهَا وَ دُعِيتُمْ إِلَيْهَا وَ اسْتَتِمُّوا نِعَمَ اللَّهِ عَلَيْكُمْ بِالصَّبْرِ عَلَى طَاعَتِهِ وَ الْمُجَانَبَةِ لِمَعْصِيَتِهِ فَإِنَّ غَداً مِنَ الْيَوْمِ قَرِيبٌ مَا أَسْرَعَ السَّاعَاتِ فِي الْيَوْمِ وَ أَسْرَعَ الْأَيَّامِ فِي الشَّهْرِ وَ أَسْرَعَ الشُّهُورَ فِي السَّنَةِ وَ أَسْرَعَ السِّنِينَ فِي الْعُمُرِ"[1]

« ای مردم، شما را به پرهیزگاری، و شکر فراوان در برابر نعمت‌ها، و عطاهای الهی، و احسانی که به شما رسیده سفارش می‌کنم، چه نعمت‌هایی که به شما اختصاص داده، و رحمت‌هایی که برای شما فراهم فرمود. شما عیب‌های خود را آشکار کردید و او پوشاند، خود را در معرض کیفر او قرار دادید و او به شما مهلت داد. مردم شما را به یاد آوری مرگ، سفارش می‌کنم، از مرگ کمتر غفلت کنید، چگونه مرگ را فراموش می‌کنید در حالی که شما را فراموش نمی‌کند و چگونه طمع می‌ورزید در حالی که به شما مهلت نمی‌دهد مرگ گذشتگان برای عبرت شما کافی است، آنها را به گورشان حمل می‌کردند، بی آن که بر مرکبی سوار باشند، آنان را در قبر فرود آوردند بی آن که خود فرود آیند. چنان از یاد رفتند گویا از آباد کنندگان دنیا نبودند و آخرت همواره خانه‌شان بود آنچه را وطن خود می‌دانستند از آن رمیدند، و در آنجا که از آن رمیدند، آرام گرفتند، و از چیزهایی که با آنها مشغول بودند جدا شدند، و آنجا که سرانجامشان بود ضایع کردند. اکنون نه قدرت دارند از اعمال زشت خود دوری کنند، و نه می‌توانند عمل نیکی بر نیکی‌های خود بیفزایند. به دنیایی انس گرفتند که مغرورشان کرد، چون به آن اطمینان داشتند سر انجام

---

[1]. نهج‌البلاغه، خطبه ۲۳۰

مغلوبشان کرد. خدا شما را رحمت کند پس بشتابید به سوی آباد کردن خانه‌هایی که شما را به آبادانی آن فرمان دادند، و تشویقتان کرده، به سوی آن دعوت کرده‌اند، و با صبر و استقامت، نعمت‌های خدا را بر خود تمام گردانید، و از عصیان و نافرمانی کناره گیرید، که فردا به امروز نزدیک است. وه چگونه ساعت‌ها در روز، و روزها در ماه، و ماه‌ها در سال، و سال‌ها در عمر آدمی شتابان می‌گذرد.»

"... فَاعْتَصِمُوا بِتَقْوَى اللَّهِ فَإِنَّ لَهَا حَبْلًا وَثِيقاً عُرْوَتُهُ وَ مَعْقِلًا مَنِيعاً ذِرْوَتُهُ وَ بَادِرُوا الْمَوْتَ وَ غَمَرَاتِهِ وَ امْهَدُوا لَهُ قَبْلَ حُلُولِهِ وَ أَعِدُّوا لَهُ قَبْلَ نُزُولِهِ فَإِنَّ الْغَايَةَ الْقِيَامَةُ وَ كَفَى بِذَلِكَ وَاعِظاً لِمَنْ عَقَلَ وَ مُعْتَبَراً لِمَنْ جَهِلَ وَ قَبْلَ بُلُوغِ الْغَايَةِ مَا تَعْلَمُونَ مِنْ ضِيقِ الْأَرْمَاسِ وَ شِدَّةِ الْإِبْلَاسِ وَ هَوْلِ الْمُطَّلَعِ وَ رَوْعَاتِ الْفَزَعِ وَ اخْتِلَافِ الْأَضْلَاعِ وَ اسْتِكَاكِ الْأَسْمَاعِ وَ ظُلْمَةِ اللَّحْدِ وَ خِيفَةِ الْوَعْدِ وَ غَمِّ الضَّرِيحِ وَ رَدْمِ الصَّفِيحِ فَاللَّهَ اللَّهَ عِبَادَ اللَّهِ فَإِنَّ الدُّنْيَا مَاضِيَةٌ بِكُمْ عَلَى سَنَنٍ وَ أَنْتُمْ وَ السَّاعَةُ فِي قَرَنٍ"[1]

« پس به تقوا و ترس از خدا، روی آورید، که رشته آن استوار، و دستگیره آن محکم، و قلّه بلند آن پناهگاهی مطمئن می‌باشد. *قبل از فرارسیدن مرگ، خود را برای پیش‌آمدهای آن آماده سازید، پیش از آن که مرگ شما را دریابد آنچه لازمه ملاقات است فراهم آورید*، زیرا مرگ پایان زندگی است و هدف نهایی، قیامت است. مرگ برای خردمندان پند و اندرز، و برای جاهلان وسیله عبرت آموزی است. *پیش از فرارسیدن مرگ*، از تنگی قبرها، و شدّت غم و اندوه، و ترس از قیامت، و در هم ریختن استخوان‌ها، و کر شدن گوش‌ها، و تاریکی لحد، و وحشت از آینده، و غم و اندوه فراوان در تنگنای گور، و پوشانده شدن آن با سنگ و خاک، چه می‌دانید پس ای بندگان خدا را پروا کنید، که دنیا با قانونمندی خاصّی می‌گذرد، شما با قیامت به رشته‌ای اتّصال دارید، گویا نشانه‌های قیامت، آشکار می‌شود.»

یکی از موارد ضروری که باید در مدیریت زمان در نظر گرفته شود مدیریت و برنامه‌ریزی صحیح برای اوقات فراغت است. خداوند تبارک و تعالی وضعیت فیزیولوژیک بدن را به گونه‌ای طراحی نموده که هر انسانی برای انجام وظایف خود نه تنها نیازمند انرژی کافی برای فعالیت‌های فیزیکی است، بلکه نیازمند روحیه مناسب و تجدید قوای روحی نیز می‌باشد و بدین جهت نیاز است اوقاتی را به تفریح و سرگرمی بپردازد و بهترین بهره‌ها را از آن برد. بنابراین

---

[1]. نهج‌البلاغه، خطبه ۲۳۲

تفریح و سرگرمی یکی از امور مهم و ضروری در سبک زندگی محسوب می‌شود و در مدیریت زمان نیز باید لحاظ شود که در بخش بعد در خصوص کیفیت آن توضیح داده خواهد شد.

- شادکامی و رفع افسردگی

اگر به ریشه‌ی ناراحتی‌های روحی و دردهای بشری دقت کنیم به این نتیجه می‌رسیم که بیشتر اندوه و حسرت و افسوس می‌شود و یا در آینده سیر می‌کند و به خاطر آن‌چه هنوز نیامده، دستخوش نگرانی و اضطراب می‌گردد. از این رو انسان دائما در حال افسوس ناشی از گذشته و نگرانی ناشی از آینده به سر می‌برد. دو احساسی که از همه‌ی احساس‌ها در زندگی انسان بی ثمرتر است. «اگر معتقدید که با مدتی احساس تقصیر یا احساس اضطراب و نگرانی می‌توانید واقعه‌ای را در آینده یا گذشته تغییر دهید، مثل این است که در سیاره‌ی دیگری با واقعیات متفاوت زندگی می‌کنید»[1]

یاد مرگ انسان را حال‌زی می‌کند و وقتی انسان در زمان حال به‌سر برد و وقت را غنیمت شمرد و از دنیا رها باشد و اهتمام خود را مصروف آبادانی زندگی حقیقی خویش کند دیگر اندوهی برایش نمی‌ماند. امام با تاکید بر این ضرورت که انسان می‌باید اهتمام خود را صرف امری کند که پایدار است و به زودی فرا خواهد رسید، نتیجه‌ی این اهتمام را یادآور می‌شود که فرد از ناآرامی‌های روحی و اندوه‌های قلبی رها می‌گردد.

" وَ مَا نِلْتَ مِنْ دُنْيَاكَ فَلَا تُكْثِرْ بِهِ فَرَحاً وَ مَا فَاتَكَ مِنْهَا فَلَا تَأْسَ عَلَيْهِ جَزَعاً وَ لْيَكُنْ هَمُّكَ فِيمَا بَعْدَ الْمَوْتِ "[2]

«بدان‌چه از دنیا به دست آری فراوان شادمان مباش و بدان‌چه از دست داده‌ای ناشکیبا و نالان. تو را در بند آن باید که پس از مرگ شاید.»

---

1. دایر، 1379، 99
2. نهج‌البلاغه، نامه ۲۲

شادی و اندوه اموری ذاتی انسان هستند. از این رو، امام افراد را تشویق می‌کند که شادی و اندوه خود را جهت‌دار کنند و برای چیزهایی شادی بورزند که به حقیقت، ارزش شادی کردن را داشته باشند و برای اموری اندوهگین شوند که ارزش غم را داشته باشند. بنابراین با توجه به فرموده‌ی امام هیچ یک از امور دنیا ارزش احساس‌های انسانی را ندارند و یکی از روش‌های رسیدن به این معرفت در تعاملات زندگی، مرگ‌اندیشی و مورد توجه قرار دادن مرگ در برنامه‌ی زندگی است.

" فَلَا يَكُنْ أَفْضَلَ مَا نِلْتَ فِي نَفْسِكَ مِنْ دُنْيَاكَ بُلُوغُ لَذَّةٍ أَوْ شِفَاءُ غَيْظٍ وَ لَكِنْ إِطْفَاءُ بَاطِلٍ أَوْ إِحْيَاءُ حَقٍّ وَ لْيَكُنْ سُرُورُكَ بِمَا قَدَّمْتَ وَ أَسَفُكَ عَلَى مَا خَلَّفْتَ وَ هَمُّكَ فِيمَا بَعْدَ الْمَوْتِ"[1]

«پس مبادا نیکوترین چیز که از دنیای خود برخورداری، رسیدن به لذتی بود یا به‌کار بردن خشمی که در سینه داری. بلکه باید باطلی را بمیرانی یا حقی را زنده گردانی، و باید که شادمانیت به چیزی باشد که از پیش فرستاده‌ای و دریغت بر آنچه به جای می‌گذاری، و هم خود را بدانچه پس از مردن تو را باید بگماری»

لذت‌ها و شادی‌هایی که خوشبختی و سعادت و کمال را به خطر می‌اندازند نه تنها ارزشمند نیستند که باید از آنها پرهیز کرد. امام علی(علیه‌السلام) می‌فرماید:

" كَمْ مِنْ شَهْوَةِ سَاعَةٍ أَوْرَثَتْ حُزْناً طَوِيلاً"[2]

بسا لذت‌هایی فوری که اندوهی طولانی را به ارمغان می‌آورند.

پیامبر اکرم(ص)، خطاب به امام علی(ع) فرمودند:

"يَا عَلِيُّ ثَلَاثٌ فَرَحَاتٌ لِلْمُؤْمِنِ فِي الدُّنْيَا لِقَاءُ الْإِخْوَانِ وَ تَفْطِيرُ الصَّائِمِ وَ التَّهَجُّدُ فِي آخِرِ اللَّيْلِ"

« ای علی اوقات شادی مؤمن در دنیا سه وقت است: دیدار برادران، افطاری دادن به روزه‌دار و تهجد در پایان شب»

---

1. نهج‌البلاغه، نامه ۶۶
2. جلوه‌های حکمت، صفحه ۳۳۱

و امام علی(ع) نیز در این باره می‌فرماید: "أَسْعَدُ النَّاسِ مَنْ تَرَکَ لَذَّةً فَانِیَةً لِلَذَّةٍ بَاقِیَةٍ" «خوشبخت‌ترین مردمان کسی است که لذت‌های ناپایدار را برای دستیابی به لذت پایدار رها می‌کند.»

امام علی(ع) در نامه‌ای خطاب به ابن عباس می‌گوید "أَمَّا بَعْدُ، فَإِنَّ الْمَرْءَ لَیَفْرَحُ بِالشَّیْءِ الَّذِی لَمْ یَکُنْ لِیَفُوتَهُ، وَیَحْزَنُ عَلَی الشَّیْءِ الَّذِی لَمْ یَکُنْ لِیُصِیبَهُ، فَلَا یَکُنْ أَفْضَلَ مَا نِلْتَ فِی نَفْسِکَ مِنْ دُنْیَاکَ بُلُوغُ لَذَّةٍ أَوْ شِفَاءُ غَیْظٍ، وَلَکِنْ إِطْفَاءُ بَاطِلٍ أَوْ إِحْیَاءُ حَقٍّ، وَلْیَکُنْ سُرُورُکَ بِمَا قَدَّمْتَ، وَأَسَفُکَ عَلَی مَا خَلَّفْتَ، وَهَمُّکَ فِیمَا بَعْدَ الْمَوْتِ"

«اما بعد، گاه آدمی به چیزی شاد می‌شود که از او نخواهد پرید، و به چیزی اندوهناک می‌شود که بدان نخواهد رسید. پس مبادا نیکوترین چیز که از دنیای خود برخورداری، رسیدن به لذتی بود یا به کار بردن خشمی که در سینه‌داری. بلکه باید باطلی را بمیرانی یا حقی را زنده گردانی، و باید که شادمانی‌ات به چیزی باشد که از پیش فرستاده‌ای و دریغت بر آنچه به جای می‌گذاری، و همّ خود را بدانچه پس از مردن تو را باید بگماری.»

شادی و سرور از حالت‌های درونی انسان است که البته نمودهای بیرونی و ظاهری هم دارد. تلاش‌های زیادی برای ارائهٔ تعریفی دقیق از این حالت توسط روان‌شناسان و عالمان اخلاق و فیلسوفان صورت گرفته است. بدون آنکه بخواهیم وارد مباحث دقیق لغت‌شناسانه دربارهٔ این واژه و واژگان مرتبط با آن در زبان فارسی و زبان‌های دیگر بشویم، به طور اجمال می‌توان گفت حالت شادی و سرور محصول و معلول نوعی آگاهی است: آگاهی از تحقق اهداف و آرزوها. این حالت زمانی ایجاد می‌شود که انسان به یکی از اهداف و آرزوهای خود دست یابد یا اینکه احتمال تحقق آن را بالا بداند. شادی و سرور حالتی روحی است که از حس رضایت‌مندی و پیروزی به دست می‌آید. در مقابل، وقتی انسان به هدف خود نمی‌رسد یا آرزوی خود را برباد رفته می‌بیند، حالت غم و اندوه بر او چیره می‌شود. به تعبیر دیگر، حزن و اندوه حالتی است که از حس نارضایتی و شکست به دست می‌آید. برخی از محققان خواسته‌اند میان سه اصطلاح «خوشی»، «نشاط» و «شادکامی» تفاوت قائل شوند. به این صورت که هر کدام از آنان را ناظر به سطحی از شادی دانسته‌اند. «خوشی» را به معنای شادی‌هایی دانسته‌اند که ناظر به سطح جسمی و جنسی هستند. شادی‌هایی که افراد از خوردن غذا، شنا کردن در آب، کوه‌نوردی و امثال آن می‌برند، همگی از این نوع هستند. کسانی که به این سطح از خوشی بسنده می‌کنند، خود را در سطح حیات حیوانی نگه داشته‌اند. اینان در حقیقت از کارهای فوق العاده و مسؤولیت‌دار گریزانند و به یک معنا علی‌رغم آنکه در ظاهر از دوران کودکی فاصله گرفته‌اند اما عملاً متعلق به دوران کودکی‌اند و گویا رشدشان در همان دوران طفولیت متوقف شده است. «نشاط» را

به شادی‌های روانی و روحی و شادی‌های درونی و باطنی مربوط دانسته‌اند، مثل نشاطی که از احساس مادری یا از احساس پدری به یک مادر یا پدر دست می‌دهد و یا نشاطی که از موفقیت در انجام یک کار به دست می‌آید. این سطح از شادی از سطح قبلی پیشرفته‌تر است، هر چند هنوز تا رسیدن به شادی سطح انسانی فاصله دارد. و «شادکامی» شادی‌های متعالی است. بالاتر از نشاط است. حالتی است که از دستیابی به اهداف حاصل می‌شود. کسی که به همة اهداف زندگی‌اش دست پیدا کند، احساس رضایت خاطر و احساس کمال دارد. شادی چنین فردی خوشی و نشاط گذرا نیست؛ بلکه دائمی است. به همین دلیل، به آن شادکامی گفته می‌شود.[1]

امام سجاد(علیه‌السلام) در مناجات الذاکرین به خدای متعال چنین عرضه می‌دارد: "وَ اَسْتَغْفِرُکَ مِنْ کُلِّ لَذَّةٍ بِغَیْرِ ذِکْرِکَ". شادی چنین افرادی در لقای الهی است. از هر چیزی که آنان را از این شادی و لذت دور کند، برائت می‌جویند

- شجاعت و شهامت

حضرت علی(ع) پس از شکست شورشیان خوارج، در سال ۳۸ هجری در نخیله کوفه وقتی برای برچیدن بساط ستم شام، مردم را به مقاومت دعوت کرد و در برابر از آنان سستی دید تا جایی که حاضر بودند ظلم را بپذیرند، طی خطبه‌ای دلیل تعلل آنان را در این امر عدم اعتماد به نفس در رویارویی با شرایط بحرانی معرفی می‌نماید، به‌طوری که هرگاه سخن از جهاد و مقاومت در برابر متجاوزین به میان می‌آید هوش از سرشان می‌رود و سرگشته و حیران می‌مانند. امام با تعبیری لطیف عدم یادکرد مرگ و نداشتن انس با آن را دلیل این حالت آنان بیان می‌کند که اگر اینان پیش از این با مرگ ارتباط برقرار کرده و آن را در زندگی و برنامه زندگی خود لحاظ کرده بودند، اینک در میدان مبارزه ترس، آشفتگی بر آنان چیره نمی‌شد و در دفاع از حریم خود تعلل نمی‌ورزیدند.

"اُفٍّ لَکُمْ لَقَدْ سَئِمْتُ عَتَابَکُمْ أَرَضِیتُمْ بِالْحَیَاةِ الدُّنْیَا مِنَ الْآخِرَةِ عِوَضاً وَ بِالذُّلِّ مِنَ الْعِزِّ خَلَفاً إِذَا دَعَوْتُکُمْ إِلَى جِهَادِ عَدُوِّکُمْ دَارَتْ أَعْیُنُکُمْ کَأَنَّکُمْ مِنَ الْمَوْتِ فِی غَمْرَةٍ وَ مِنَ الذُّهُولِ فِی سَکْرَةٍ یُرْتَجُ عَلَیْکُمْ حِوَارِی فَتَعْمَهُونَ وَ کَأَنَّ قُلُوبَکُمْ

---

[1]. شریفی، ۱۳۹۱، ۳۲

مَالُوسَةٌ فَأَنْتُمْ لَا تَعْقِلُونَ مَا أَنْتُمْ لِى بِثِقَةٍ سَجِيسَ اللَّيَالِى وَ مَا أَنْتُمْ بِرُكْنٍ يُمَالُ بِكُمْ وَ لَا زَوَافِرُ عِزٍّ يُفْتَقَرُ إِلَيْكُمْ مَا أَنْتُمْ إِلَّا كَإِبِلٍ ضَلَّ رُعَاتُهَا فَكُلَّمَا جُمِعَتْ مِنْ جَانِبٍ انْتَشَرَتْ مِنْ آخَرَ"[1]

" نفرین بر شما کوفیان که از فراوانی سرزنش شما خسته شدم. آیا به جای زندگی جاویدان قیامت به زندگی زودگذر دنیا رضایت دادید و بجای عزّت و سر بلندی، بدبختی و ذلّت را انتخاب کردید هر گاه شما را به جهاد با دشمنتان دعوت می‌کنم، چشمانتان از ترس در کاسه می‌گردد، گویا ترس از مرگ عقل شما را ربوده و چون انسان‌های مست از خود بیگانه شده، حیران و سرگردانید. گویا عقل‌های خود را از دست داده و درک نمی‌کنید. من دیگر هیچ گاه به شما اطمینان ندارم، و شما را پشتوانه خود نمی‌پندارم، شما یاران شرافتمندی نیستید که کسی به سوی شما دست دراز کند. به شتران بی ساربان می‌مانید که هر گاه از یک طرف جمع آوری گردید، از سوی دیگر پراکنده می‌شوید)

کسی که با مرگ انس نداشته باشد شجاعت و شهامت او دچار نقصان است. یاد مرگ انس انسان را با مرگ زیاد می‌کند و این انس هراس بی‌جای انسان را از بین می‌برد و به انسان قوت قلب می‌دهد، در نتیجه در رویارویی با شرایط مختلف از اعتماد به نفس بیشتری برخوردار است. در جای دیگر حضرت در شماتت اینان، این نکته را یادآور می‌شود که به دلیل غفلت و عدم یاد مرگ در شماست که وقتی آتش جنگ شعله‌ور می‌شود آشفتگی وجودتان را در بر می‌گیرد و از پیرامون من پراکنده می‌شوید.

"وَ ایْمُ اللَّهِ إِنِّى لَأَظُنُّ بِكُمْ أَنْ لَوْ حَمِسَ الْوَغَى وَ اسْتَحَرَّ الْمَوْتُ قَدِ انْفَرَجْتُمْ عَنِ ابْنِ أَبِى طَالِبٍ انْفِرَاجَ الرَّأْسِ"[2]

« سوگند به خدا گمان می‌کنم اگر جنگ بالا گیرد و آتش آن افروخته شود شما مثل آن جدا شدن سر از بدن، از پسر ابی طالب جدا خواهید شد »

به شدت امام از ترسو بودن آنان شکوه می‌کند و با استشهاد به آیه‌ای از قرآن این تشویش روانی را نتیجه کنار نیامدن آنان با مسئله مرگ می‌داند. وقتی پای نبرد و مقاومت به میان می‌آید، آنان به حدی تعادل روانی خود را از دست می‌دهند و آشفته و مضطرب می‌گردند که نمی‌توان به یاریشان امید بست و در کنارشان به هدفی دست یافت. حضرت

---

[1]. نهج‌البلاغه، خطبه ٣٤
[2]. نهج‌البلاغه، خطبه ٣٤

اضطراب و عدم تعادل روانی آنان را با چند تشبیه بیان می‌فرماید و همه این‌ها بر اثر فقدان یادکرد مرگ در زندگی این افراد است و اینک در رویارویی با آن احساس ضعف می‌کنند و تعادل روحی خود را از دست می‌دهند.

" دَعَوْتُكُمْ إِلَى نَصْرِ إِخْوَانِكُمْ فَجَرْجَرْتُمْ جَرْجَرَةَ الْجَمَلِ الْأَسَرِّ وَ تَثَاقَلْتُمْ تَثَاقُلَ النِّضْوِ الْأَدْبَرِ ثُمَّ خَرَجَ إِلَيَّ مِنْكُمْ جُنَيْدٌ مُتَذَائِبٌ ضَعِيفٌ كَأَنَّما يُساقُونَ إِلَى الْمَوْتِ وَ هُمْ يَنْظُرُونَ "[1]

« شما را به یاری برادران ایمانی خود دعوت کردم، مثل شتری که از درد سینه بنالد و زخم پشت او را از رفتن بازدارد ناله سردادید و بر جای خود نشستید. و بالاخره سپاهی کم و ناتوان از شما به یاری من آمدند آن گونه که گویی آنها را به سوی مرگ می‌برند و ناظر مرگ خویش هستند »

از این رو بهانه‌ها می‌تراشند و عذرها می‌جویند تا به خیال خود از خطر برهند. عدم شهامت و شجاعت آنان در رویارویی با شرایط بحرانی، آفت‌های دیگری را نیز دامن‌گیرشان می‌سازد. انسانی که از لحاظ روحی ضعف و عجز داشته باشد طبیعتا تابع فردی قرار می‌گیرد که از لحاظ روحی بر او سیطره و قوت دارد. بنابراین با توجه به آنچه از سخن امام نیز بر می‌آید، آنان به دلیل همین بی‌شهامتی زیر بار هر ستم و ظلمی می‌روند و به دیگران به راحتی اجازه می‌دهند که به حریم آنان تجاوز کنند.

" فَقُبْحاً لَكُمْ وَ تَرَحاً حِينَ صِرْتُمْ غَرَضاً يُرْمَى يُغَارُ عَلَيْكُمْ وَ لَا تُغِيرُونَ وَ تُغْزَوْنَ وَ لَا تَغْزُونَ وَ يُعْصَى اللَّهُ وَ تَرْضَوْنَ فَإِذَا أَمَرْتُكُمْ بِالسَّيْرِ إِلَيْهِمْ فِي أَيَّامِ الْحَرِّ قُلْتُمْ هَذِهِ حَمَارَّةُ الْقَيْظِ أَمْهِلْنَا يُسَبَّخْ عَنَّا الْحَرُّ وَ إِذَا أَمَرْتُكُمْ بِالسَّيْرِ إِلَيْهِمْ فِي الشِّتَاءِ قُلْتُمْ هَذِهِ صَبَارَّةُ الْقُرِّ أَمْهِلْنَا يَنْسَلِخْ عَنَّا الْبَرْدُ كُلُّ هَذَا فِرَاراً مِنَ الْحَرِّ وَ الْقُرِّ فَإِذَا كُنْتُمْ مِنَ الْحَرِّ وَ الْقُرِّ تَفِرُّونَ فَأَنْتُمْ وَ اللَّهِ مِنَ السَّيْفِ أَفَرُّ "[2]

« پس زشت باد روی شما و غمگین باد دل‌هایتان که نشانه تیر دشمنان گردیدید. شما را غارت می‌کنند باکی ندارید، با شما می‌جنگند، در مقام دفاع بر نمی‌آیید. معصیت پروردگار می‌کنید و از کار خود اظهار خرسندی می‌نمائید. در فصل تابستان به شما فرمان جنگ دادم گفتید اکنون هوا گرم است به ما مهلت بده تا از گرمی هوا کاسته شود. در ایام زمستان فرمان جنگ دادم گفتید این روزها هوا خیلی سرد است به ما مهلت ده تا از سردی هوا کاسته شود. شما که

---

[1]. نهج‌البلاغه، خطبه ۳۹
[2]. همان، خطبه ۲۷

این همه عذر و بهانه برای فرار از گرما و سرما می‌آورید پس سوگند به پروردگار از شمشیر و جبهه زودتر فرار خواهید کرد.»

و اینجاست که وقتی به شیر بیشه شجاعت، کسی که حلاوت مرگ در آغوش گرفتن نزد او همانند به دهان گرفتن سینه مادر برای کودک است، را تهمت ترس از مرگ می‌زنند، آن را برنمی‌تابد و با دلی پردرد از کوته‌فکری آنان می‌فرماید:

" أَمَّا قَوْلُكُمْ أَ كُلَّ ذَلِكَ كَرَاهِيَةَ الْمَوْتِ فَوَاللَّهِ مَا أُبَالِي دَخَلْتُ إِلَى الْمَوْتِ أَوْ خَرَجَ الْمَوْتُ إِلَيَّ وَ أَمَّا قَوْلُكُمْ شَكّاً فِى أَهْلِ الشَّامِ فَوَاللَّهِ مَا دَفَعْتُ الْحَرْبَ يَوْماً إِلَّا وَ أَنَا أَطْمَعُ أَنْ تَلْحَقَ بِى طَائِفَةٌ فَتَهْتَدِىَ بِى وَ تَعْشُوَ إِلَى ضَوْئِى وَ ذَلِكَ أَحَبُّ إِلَيَّ مِنْ أَنْ أَقْتُلَهَا عَلَى ضَلَالِهَا وَ إِنْ كَانَتْ تَبُوءُ بِآثَامِهَا"[1]

«اینکه می‌گویید این همه خویشتن‌داری و درنگ من، از ترس مرگ است، به خدا سوگند باکی ندارم که من به سوی مرگ روم یا مرگ به سوی من آید، و اگر تصوّر می‌کنید در جنگ با شامیان تردید دارم، بخدا سوگند هر روزی که جنگ را به تأخیر می‌اندازم برای آن است که آرزو دارم عدّه‌ای از آنها به ما ملحق شوند و هدایت گردند. و در لابلای تاریکی‌ها، نور مرا نگریسته به سوی من بشتابند، که این برای من از کشتار آنان در راه گمراهی بهتر است، گر چه در این صورت نیز به جرم گناهانشان گرفتار می‌گردند.»

و به هنگام نبرد در جنگ صفّین خطاب به سربازان خویش می‌فرماید:

" وَ أَىُّ امْرِئٍ مِنْكُمْ أَحَسَّ مِنْ نَفْسِهِ رَبَاطَةَ جَأْشٍ عِنْدَ اللِّقَاءِ فَشَلًا فَلْيَذُبَّ عَنْ أَخِيهِ بِفَضْلِ نَجْدَتِهِ الَّتِى فُضِّلَ بِهَا عَلَيْهِ كَمَا يَذُبُّ عَنْ نَفْسِهِ فَلَوْ شَاءَ اللَّهُ لَجَعَلَهُ مِثْلَهُ إِنَّ الْمَوْتَ طَالِبٌ حَثِيثٌ لَا يَفُوتُهُ الْمُقِيمُ وَ لَا يُعْجِزُهُ الْهَارِبُ إِنَّ أَكْرَمَ الْمَوْتِ الْقَتْلُ وَ الَّذِى نَفْسُ ابْنِ أَبِى طَالِبٍ بِيَدِهِ لَأَلْفُ ضَرْبَةٍ بِالسَّيْفِ أَهْوَنُ عَلَىَّ مِنْ مِيتَةٍ عَلَى الْفِرَاشِ فِى غَيْرِ طَاعَةِ اللَّهِ"[2]

---

[1]. همان، خطبه ۵۵

[2]. نهج‌البلاغه، خطبه ۱۲۲

« هر کدام از شما در صحنه نبرد با دشمن، در خود شجاعت و دلاوری احساس کرد، و برادرش را سست و ترسو یافت، به شکرانه این برتری باید از او دفاع کند، آنگونه که از خود دفاع می‌کند، زیرا اگر خدا بخواهد او را چون شما دلاور و شجاع گرداند. همانا مرگ به سرعت در جستجوی شماست، آنها که در نبرد مقاومت دارند، و آنها که فرار می‌کنند، هیچ کدام را از چنگال مرگ رهایی نیست و همانا گرامی‌ترین مرگها کشته شدن در راه خداست. سوگند به آن کس که جان پسر ابو طالب در دست اوست، هزار ضربت شمشیر بر من آسانتر از مرگ در بستر استراحت، در مخالفت با خداست »

- کفاف و عفاف

همان‌طور که پیش‌تر بیان شد ادیان الهی همواره برای زدودن حب دنیا، یاد مرگ را بسیار توصیه کرده‌اند. یاد مرگ و دفع حب دنیا همواره آدمی را به کفاف و عفاف دعوت می‌نماید و بهره‌برداری گزاف و بی‌رویه از این عالم را محدود می‌کند و از همه بالاتر زمینه مساعدی برای پرورش صفات نیک در دل آدمی به‌وجود می‌آورد، چرا که ریشه همه بدی‌ها نفس انسان است و ویژگی اصلی نفس نیز خودخواهی و خودبینی است. انسان برای محدود کردن و دفع این خودبینی، هر چقدر که با نفس خود مبارزه کند مطلوب است. از موثرترین کوبنده‌های نفس، یاد مرگ است. مرگ اندیشی به هیچ‌وجه به معنای بستن دست و پا و تلخ کردن زندگی نیست، بلکه دقیقا به معنای زدودن دل‌بستگی‌های ناصواب است که خود موجب شیرین‌کامی خواهد شد. زندگی با کفاف و عفاف با ویژگی‌هایی همراه است که در ادامه به مهم‌ترین آنها اشاره شده است.

- تقوی و پرهیزکاری

از نظر نهج‌البلاغه، تقوا نیرویی است روحی، نیرویی مقدس و متعالی که منشاء کشش‌ها و گریزهایی می‌گردد، کشش به سوی ارزش‌های معنوی و فوق حیوانی، و گریز از پستی‌ها و آلودگی‌های مادی. تقوی حالتی است که به روح

انسان شخصیت و قدرت می‌دهد و آدمی را مسلط بر خویشتن و مالک «خود» می‌نماید.[1] پیش‌تر یادآور شدیم که حضرت در نامه‌ای خطاب به فرزندشان فرموده‌اند با «یاد مرگ» نفس سرکش خود را آرام نما و از اینجا می‌توان تاثیر یاد مداوم مرگ بر افزایش توان آدمی در تسلط بر خویشتن را دانست.

امام علی (ع) در باب تقوی بسیار سخن گفته‌اند از جمله ایشان در خطبه همام امر تقوی و اوصاف پرهیزگاران را به‌طور مشروح بیان کرده اند. یکی از زیباترین موعظه‌های حضرت در خصوص تقوی که از قضا «ذکر مرگ» نیز با آن ارتباط پیدا کرده است همان نامه ۳۱ و توصیه ایشان به فرزندشان است آنجا که می‌فرمایند:

" فَإِنِّی أُوصِیکَ بِتَقْوَی اللَّهِ أَیْ بُنَیَّ وَ لُزُومِ أَمْرِهِ وَ عِمَارَةِ قَلْبِکَ بِذِکْرِهِ وَ الِاعْتِصَامِ بِحَبْلِهِ وَ أَیُّ سَبَبٍ أَوْثَقُ مِنْ سَبَبٍ بَیْنَکَ وَ بَیْنَ اللَّهِ إِنْ أَنْتَ أَخَذْتَ بِهِ أَحْیِ قَلْبَکَ بِالْمَوْعِظَةِ وَ أَمِتْهُ بِالزَّهَادَةِ وَ قَوِّهِ بِالْیَقِینِ وَ نَوِّرْهُ بِالْحِکْمَةِ وَ ذَلِّلْهُ بِذِکْرِ الْمَوْتِ"

«فرزندم تو را به تقوای الهی توصیه می‌کنم، و توصیه می‌کنیم به انجام اوامر و نواهی پروردگار ملتزم باشی، و دل خودت را با یاد خداوند آباد کنی و به ریسمان خداوند چنگ تمسک بزنی، و کدام ریسمان از ریسمان خداوندی استوارتر و محکم‌تر است؟ دل مرده‌ی خود را با موعظه زنده کن، و نفس سرکش را با زهد بمیران، و دل ناتوان را با یقین نیرو بخش، و جان تاریک را با حکمت روشن کن، و دل سخت را با یاد مرگ نرم کن.»

در جای دیگر حضرت علی ضمن یادآوری و توصیف مرگ توصیه به تقوا و پروای از خدا کرده‌اند. قانون‌مندی دنیا و اتصال با قیامت را علت لزوم رعایت تقوا دانسته‌اند.

" وَ بَادِرُوا الْمَوْتَ وَ غَمَرَاتِهِ وَ امْهَدُوا لَهُ قَبْلَ حُلُولِهِ وَ أَعِدُّوا لَهُ قَبْلَ نُزُولِهِ فَإِنَّ الْغَایَةَ الْقِیَامَةُ وَ کَفَی بِذَلِکَ وَاعِظاً لِمَنْ عَقَلَ وَ مُعْتَبَراً لِمَنْ جَهِلَ وَ قَبْلَ بُلُوغِ الْغَایَةِ مَا تَعْلَمُونَ مِنْ ضِیقِ الْأَرْمَاسِ وَ شِدَّةِ الْإِبْلَاسِ وَ هَوْلِ الْمُطَّلَعِ وَ رَوْعَاتِ الْفَزَعِ وَ اخْتِلَافِ الْأَضْلَاعِ وَ اسْتِکَاکِ الْأَسْمَاعِ وَ ظُلْمَةِ اللَّحْدِ وَ خِیفَةِ الْوَعْدِ وَ غَمِّ الضَّرِیحِ وَ رَدْمِ الصَّفِیحِ فَاللَّهَ اللَّهَ عِبَادَ اللَّهِ فَإِنَّ الدُّنْیَا مَاضِیَةٌ بِکُمْ عَلَی سَنَنٍ وَ أَنْتُمْ وَ السَّاعَةُ فِی قَرَنٍ وَ کَأَنَّهَا قَدْ جَاءَتْ بِأَشْرَاطِهَا وَ أَزِفَتْ بِأَفْرَاطِهَا"[2]

---

[1]. مطهری، ۱۳۷۲، ۲۰۶
[2]. نهج‌البلاغه، خطبه ۲۳۲

« خود را برای پیش آمدهای آن آماده سازید، پیش از آن که مرگ شما را دریابد آنچه لازمه ملاقات است فراهم آورید، زیرا مرگ پایان زندگی است و هدف نهایی، قیامت است. مرگ برای خردمندان پند و اندرز و برای جاهلان وسیله عبرت آموزی است. پیش از فرارسیدن مرگ، از تنگی قبرها، و شدّت غم و اندوه، و ترس از قیامت و در هم ریختن استخوان‌ها، و کر شدن گوش‌ها، و تاریکی لحد، و وحشت از آینده، و غم و اندوه فراوان در تنگنای گور، و پوشانده شدن آن با سنگ و خاک، چه می‌دانید پس ای بندگان خدا را خدا را پروا کنید، که دنیا با قانونمندی خاصّی می‌گذرد، شما با قیامت به رشته‌ای اتّصال دارید، گویا نشانه‌های قیامت، آشکار می‌شود »

- زهد

عنصر دیگری که در نهج‌البلاغه مورد توجه واقع شده «زهد» است که شاید بعد از عنصر «تقوی» بیش از همه تکرار شده باشد. زهد مرادف با ترک دنیا است و نقطه مقابل «رغبت» است پس زهد اعراض و بی‌میلی است در مقابل رغبت که عبارت از میل و کشش است. زاهد کسی است که توجهش از مادیات دنیا به عنوان کمال مطلوب و بالاترین خواسته‌ها عبور کرده و نسبت به آن رغبت ندارد. بی‌رغبتی زاهد در ناحیه‌ی اندیشه و آمال و ایده و آرزو است نه بی‌رغبتی در ناحیه‌ی طبیعت.[1]

با این وصف، به درستی می‌توان عمل زاهدانه را نتیجه‌ی بدیهی مداومت بر یاد مرگ دانست. حضرت علی در توصیف زاهدان می‌فرمایند زندگی آنان به گونه‌ایست که گویی در میان اهل آخرت زندگی می‌کنند و آنان بی هراس از مرگ بدن، نگران مرگ دل‌هایشان هستند:

"(فی صِفَةِ الزُّهّاد) کَانُوا قَوْماً مِنْ أَهْلِ الدُّنْیَا وَ لَیْسُوا مِنْ أَهْلِهَا فَکَانُوا فِیهَا کَمَنْ لَیْسَ مِنْهَا عَمِلُوا فِیهَا بِمَا یُبْصِرُونَ وَ بَادَرُوا فِیهَا مَا یَحْذَرُونَ تَقَلَّبُ أَبْدَانِهِمْ بَیْنَ ظَهْرَانَیْ أَهْلِ الْآخِرَةِ یَرَوْنَ أَهْلَ الدُّنْیَا یُعَظِّمُونَ مَوْتَ أَجْسَادِهِمْ وَ هُمْ أَشَدُّ إِعْظَاماً لِمَوْتِ قُلُوبِ أَحْیَائِهِمْ"[2]

---

[1]. مطهری، 1372، 210
[2]. نهج‌البلاغه، خطبه ۲۲۱

« زاهدان گروهی از مردم دنیایند که دنیا پرست نمی‌باشند، پس در دنیا زندگی می‌کنند امّا آلودگی دنیا پرستان را ندارند، در دنیا با آگاهی و بصیرت عمل می‌کنند، و در ترک زشتی‌ها از همه پیشی می‌گیرند، بدن‌هایشان به گونه‌ای در تلاش و حرکت است که گویا میان مردم آخرتند، اهل دنیا را می‌نگرند که مرگ بدن‌ها را بزرگ می‌شمارند، امّا آنها مرگ دل‌های زندگان را بزرگ‌تر می‌دانند »

ایشان در حکمت ٤٣٩ می‌فرمایند:

" اَلزُّهْدُ کُلُّهُ بَیْنَ کَلِمَتَیْنِ مِنَ الْقُرْآنِ قَالَ اللَّهُ سُبْحَانَهُ لِکَیْلَا تَأْسَوْا عَلَی مَا فَاتَکُمْ وَ لَا تَفْرَحُوا بِمَا آتَاکُمْ وَ مَنْ لَمْ یَأْسَ عَلَی الْمَاضِی وَ لَمْ یَفْرَحْ بِالْآتِی فَقَدْ أَخَذَ الزُّهْدَ بِطَرَفَیْهِ "

«زهد در دو جمله‌ی قرآن خلاصه شده است. متاسف نشوید بر آنچه از شما فوت می‌شود و شاد نگردید بر آنچه خدا به شما می‌دهد. هر کس بر گذشته اندوه خورد و برای آینده شادمان نشود بر هر دو جانب زهد دست یافته است.»

در نامه‌ی ٢٢ ایشان این معنی از زهد را با توصیه‌ی اینکه همت انسان برای دنیای پس از مرگ واگذار شود همراه می‌کنند.

" أَمَّا بَعْدُ فَإِنَّ الْمَرْءَ قَدْ یَسُرُّهُ دَرْکُ مَا لَمْ یَکُنْ لِیَفُوتَهُ وَ یَسُوؤُهُ فَوْتُ مَا لَمْ یَکُنْ لِیُدْرِکَهُ فَلْیَکُنْ سُرُورُکَ بِمَا نِلْتَ مِنْ آخِرَتِکَ وَ لْیَکُنْ أَسَفُکَ عَلَی مَا فَاتَکَ مِنْهَا وَ مَا نِلْتَ مِنْ دُنْیَاکَ فَلَا تُکْثِرْ بِهِ فَرَحاً وَ مَا فَاتَکَ مِنْهَا فَلَا تَأْسَ عَلَیْهِ جَزَعاً وَ لْیَکُنْ هَمُّکَ فِیمَا بَعْدَ الْمَوْتِ "[1]

« پس از یاد خدا و درود همانا انسان گاهی خشنود می‌شود به چیزی که هرگز از دستش نمی‌رود، و ناراحت می‌شود برای از دست دادن چیزی که هرگز به آن نخواهد رسید. ابن عباس خوشحالی تو از چیزی باشد که در آخرت برای تو مفید است، و اندوه تو برای از دست دادن چیزی از آخرت باشد، آنچه از دنیا به دست می‌آوری تو را خوشنود نسازد، آنچه در دنیا از دست می‌دهی زاری کنان تأسّف مخور، و همّت خویش را به دنیای پس از مرگ واگذار »

---

[1]. نهج‌البلاغه، نامه ٢٢

" وَصِيَّتِي لَكُمْ أَنْ لَا تُشْرِكُوا بِاللَّهِ شَيْئاً وَ مُحَمَّدٌ (صلى‌الله‌عليه‌وآله) فَلَا تُضَيِّعُوا سُنَّتَهُ أَقِيمُوا هَذَيْنِ الْعَمُودَيْنِ وَ أَوْقِدُوا هَذَيْنِ الْمِصْبَاحَيْنِ وَ خَلَاكُمْ ذَمٌّ أَنَا بِالْأَمْسِ صَاحِبُكُمْ وَ الْيَوْمَ عِبْرَةٌ لَكُمْ وَ غَداً مُفَارِقُكُمْ إِنْ أَبْقَ فَأَنَا وَلِيُّ دَمِي وَ إِنْ أَفْنَ فَالْفَنَاءُ مِيعَادِي وَ إِنْ أَعْفُ فَالْعَفْوُ لِي قُرْبَةٌ وَ هُوَ لَكُمْ حَسَنَةٌ فَاعْفُوا (أَ لا تُحِبُّونَ أَنْ يَغْفِرَ اللَّهُ لَكُمْ) وَ اللَّهِ مَا فَجَأَنِي مِنَ الْمَوْتِ وَارِدٌ كَرِهْتُهُ وَ لَا طَالِعٌ أَنْكَرْتُهُ وَ مَا كُنْتُ إِلَّا كَقَارِبٍ وَرَدَ وَ طَالِبٍ وَجَدَ "[1]

« سفارش من به شما، آن که به خدا شرک نورزید، و سنّت محمّد صلّی الله علیه و آله و سلّم را تباه نکنید. این دو ستون دین را بر پا دارید، و این دو چراغ را روشن نگهدارید، آنگاه سزاوار هیچ سرزنشی نخواهید بود. من دیروز همراهتان بودم و امروز مایه عبرت شما می‌باشم، و فردا از شما جدا می‌گردم، اگر ماندم خود اختیار خون خویش را دارم، و اگر بمیرم، مرگ وعده‌گاه من است، اگر عفو کنم، برای من نزدیک شدن به خدا، و برای شما نیکی و حسنه است، پس عفو کنید. «آیا دوست ندارید خدا شما را بیامرزد» به خدا سوگند همراه مرگ چیزی به من روی نیاورده که از آن خشنود نباشم، و نشانه‌های آن را زشت بدانم، بلکه من چونان جوینده آب در شب که ناگهان آن را بیابد، یا کسی که گمشده خود را پیدا کند، از مرگ خرسندم که: «و آنچه نزد خداست برای نیکان بهتر است» می‌گویم »

- قناعت

یکی از بزرگترین آفت‌های سبک زندگی مدرن که بسیاری از مشکلات و گرفتاری‌های بشر امروزی را با خود به همراه دارد، همان مصرف‌گرایی افراطی است. مصرف‌گرایی یکی از امراضی است که انسان‌های امروزی به آن گرفتارند، اما برای درمان آن به هیچ طبیبی مراجعه نمی‌کنند. اما آیا باید مسلمانان که نگرش متفاوتی به دنیا و آخرت دارند نیز دارای چنین سبک زندگی باشند!

شاید یکی از علل مصرف‌گرایی ناشی از این تفکر باشد که زندگی ما تنها محدود به این دنیا است پس نتیجه منطقی آن، این است که نهایت استفاده‌مان را از این دنیا بکنیم و از ملزومات این رویکرد حرص بی‌پایان انسان‌ها در برآوردن

---

[1]. همان، نامه 23

حاجات و آرزوها است. و چه زیبا نسخه‌ای که مولا حضرت علی(ع) برای درمان قطعی این درد تحت عنوان «ذکرالموت» تجویز کرده‌اند.

"وَ مَنْ أَكْثَرَ مِنْ ذِكْرِ الْمَوْتِ رَضِيَ مِنَ الدُّنْيَا بِالْيَسِيرِ"[1]

« و آنکس که فراوان به یاد مرگ باشد در دنیا به اندک چیزی خشنود و راضی است »

"وَ اعْلَمْ يَقِيناً أَنَّكَ لَنْ تَبْلُغَ أَمَلَكَ وَ لَنْ تَعْدُوَ أَجَلَكَ وَ أَنَّكَ فِي سَبِيلِ مَنْ كَانَ قَبْلَكَ فَخَفِّضْ فِي الطَّلَبِ وَ أَجْمِلْ فِي الْمُكْتَسَبِ فَإِنَّهُ رُبَّ طَلَبٍ قَدْ جَرَّ إِلَى حَرَبٍ وَ لَيْسَ كُلُّ طَالِبٍ بِمَرْزُوقٍ وَ لَا كُلُّ مُجْمِلٍ بِمَحْرُومٍ"[2]

« به یقین بدان که تو به همه آرزوهای خود نخواهی رسید، و تا زمان مرگ بیشتر زندگی نخواهی کرد، و بر راه کسی می‌روی که پیش از تو می‌رفت، پس در به دست آوردن دنیا آرام باش، و در مصرف آنچه به دست آوردی نیکو عمل کن، زیرا چه بسا تلاش بی اندازه برای دنیا که به تاراج رفتن اموال کشانده شد. پس هر تلاشگری به روزی دلخواه نخواهد رسید، و هر مدارا کننده‌ای محروم نخواهد شد »

- عدالت

عدالت آنچنان برای حضرت علی(ع) چهره واقعی خود را نشان داده است که حتی آنجا که مرگ نمای تمام قد خود را به وی نشان داده است کمترین هراسی از آن ندارد، بلکه آن را نتیجه زندگی تلقی نموده و به عنوان پل مقدس یا شربت گوارایی برای به ثمر رسیدن شخصیتش دریافته است. همه لذایذ زندگی، بلکه خود زندگیش را قربانی آن عدالت نموده است و دوست و دشمن به نوعی از عدالت او برخوردار گشته‌اند و این نشان از آن وجه از شخصیت و سبک زندگی اوست که "پیروزی‌های زندگی او را فربه نکرده که شکست‌های رسمی زندگی بخواهد او را لاغر و نحیف نماید."[3]

---

[1]. نهج‌البلاغه، قصار ۳٤۹
[2]. همان، نامه ۳۱
[3]. جعفری، ۱۳۷۵، ص ۲۲۶

از او پرسیده‌اند که: «تو در عدالت چه دیده بودی؟ چرا که سبک زندگی فرزند ابی طالب با الگوها و معیارهای آنان سازگار نیست و شگفتی و تعجّب آنان در مشاهده سرتاسر زندگی امیرالمؤمنین مشهود بوده است. علّت عشق‌ورزی امیرالمؤمنین به عدالت چه بود که در روزگاری که قدرت، بطور مطلق در دستش بود احساس بی‌نیازی کرد و بنای طغیان‌گری نگذاشت و این انسان نیرومند که سر آمد نیرومندان است در محراب عبادت بخاطر شدّت عدالتش شهید شد. این چه «دادگری» است که در طول تاریخ این همه انسان را جذب خود کرده و در عین حال خود جذب دنیا نشده است و دنیا با تمامی ویژگی‌هایش نتوانست او را جذب کند، امّا عدالت او را جذب کرد. این مسئله‌ای است که محققان و انسان‌شناسان و آنانی که می‌خواهند در تاریخ و سبک زندگی شخصیّت‌های سازنده، به دنبال ارائه سبکی مفید برای بشر هستند، بدنبال آن هستند.[1]

- گذشت و مهربانی

اکثر ظلم‌ها و تجاوزها، جنگ و خونریزی‌ها، قتل و قارت‌ها، توسعه‌طلبی‌ها و بی‌عدالتی‌هایی را که بطور روزافزون در سراسر دنیا شاهدیم، همه و همه برای تملک و برخورداری از امور مادی و دنیوی است. چنانچه آدمی به این واقعیت توجه نماید که روزی همه این داشته‌ها بر جای خواهد ماند و نهایتاً همه به سرای باقی خواهند شتافت، نه تنها ظلم به دیگران در سبک زندگی افراد جایی نخواهد داشت (بویژه که انتقام آن ظلم‌ها هم در پیش باشد) "... وَ سَیَنتَقِمُ اللَّهُ مِمَّنْ ظَلَمَ ..."[2] « ... و بزودی خداوند تبارک و تعالی از کسی که ظلم کرده انتقام می‌گیرد ... »، بلکه رفاقت و صمیمیت، کرامت و مهرورزی، گذشت و انصاف، عدالت و برابری، شاخه‌های اصلی سبک زندگی را تشکیل می‌دهد و حتی با بزرگواری از خطا و ستمی که در حق آنها می‌شود می‌گذرند.

" وَ لِنْ لِمَنْ غَالَظَکَ فَإِنَّهُ یُوشِکُ أَنْ یَلِینَ لَکَ وَ خُذْ عَلَی عَدُوِّکَ بِالْفَضْلِ فَإِنَّهُ أَحْلَی الظَّفَرَیْنِ وَ إِنْ أَرَدْتَ قَطِیعَةَ أَخِیکَ فَاسْتَبْقِ لَهُ مِنْ نَفْسِکَ بَقِیَّةً یَرْجِعُ إِلَیْهَا إِنْ بَدَا لَهُ ذَلِکَ یَوْماً مَا وَ مَنْ ظَنَّ بِکَ خَیْراً فَصَدِّقْ ظَنَّهُ وَ لَا تُضَیِّعَنَّ حَقَّ أَخِیکَ

---

[1]. جعفری، 1364، 36
[2]. نهج‌البلاغه، خطبه 158

اتِّكَالًا عَلَى مَا بَيْنَكَ وَ بَيْنَهُ فَإِنَّهُ لَيْسَ لَكَ بِأَخٍ مَنْ أَضَعْتَ حَقَّهُ وَ لَا يَكُنْ أَهْلُكَ أَشْقَى الْخَلْقِ بِكَ وَ لَا تَرْغَبَنَّ فِيمَنْ زَهِدَ عَنْكَ وَ لَا يَكُونَنَّ أَخُوكَ أَقْوَى عَلَى قَطِيعَتِكَ مِنْكَ عَلَى صِلَتِهِ وَ لَا تَكُونَنَّ عَلَى الْإِسَاءَةِ أَقْوَى مِنْكَ عَلَى الْإِحْسَانِ وَ لَا يَكْبُرَنَّ عَلَيْكَ"[1]

« و با کسی که با تو خشونت می‌کند به نرمی برخورد کن که باشد که بزودی نرم شود. با دشمن خود با فضل و کرم مواجه شو که آن شیرین‌ترین پیروزی است. و اگر خواستی با برادر ایمانی‌ات قطع رابطه کنی یک جایی برای دوستی بگذار تا اگر روزی خواست دوستی با تو کند بتوانی دوباره با او ارتباط برقرار کنی. و اگر کسی به تو گمان خوبی برد، تو گمانش را تصدیق کن و هیچگاه حق برادرت را ضایع مکن به امید این که با هم دوست هستیم چرا که وقتی حق او را ضایع کردی او دیگر برادرت نیست و برادری از بین خواهد رفت خانواده تو نباید به خاطر رفتار تو از بدبخت‌ترین مردم باشند. و کسی که میل ندارد به تو دل ببندد و رفاقت کند تو نیز با او دل مبند و رفاقت مکن. مبادا که نیت برادرت در بریدن و قطع رابطه با تو از اقدام تو در پیوستن با او قوی‌تر باشد. و نباید قطع رابطه و بدی کردن تو بر نیکی کردنت بیشتر باشد و نیز ستم کسی که بر تو ستم روا داشته نباید در نظرت بزرگ جلوه کند که به زیان خود و سود تو تلاش می‌کند. و پاداش آنکه ترا شادمان ساخته این نیست که تو او را نگران کنی»

و در توصیف آن نیرنگ‌بازی که خود را زرنگ پنداشته و همواره در پی فریب مردم است می‌فرمایند:

"وَ مَا يَغْدِرُ مَنْ عَلِمَ كَيْفَ الْمَرْجِعُ وَ لَقَدْ أَصْبَحْنَا فِي زَمَانٍ قَدِ اتَّخَذَ أَكْثَرُ أَهْلِهِ الْغَدْرَ كَيْساً وَ نَسَبَهُمْ أَهْلُ الْجَهْلِ فِيهِ إِلَى حُسْنِ الْحِيلَةِ مَا لَهُمْ قَاتَلَهُمُ اللَّهُ قَدْ يَرَى الْحُوَّلُ الْقُلَّبُ وَجْهَ الْحِيلَةِ وَ دُونَهَا مَانِعٌ مِنْ أَمْرِ اللَّهِ وَ نَهْيِهِ فَيَدَعُهَا رَأْيَ عَيْنٍ بَعْدَ الْقُدْرَةِ عَلَيْهَا"[2]

« کسی که می‌داند بازگشت او در جهان آخرت چگونه است به کسی نیرنگ نمی‌زند. و ما در زمانی زندگی می‌کنیم که بیشتر مردم فریب خلق را یک نوع زرنگی می‌دانند و آدم‌های ساده‌لوح هم فکر می‌کنند اینها اهل تدبیر و چاره‌اندیشند. راستی این نیرنگ بازان از کار خود چه سودی می‌برند خدا آنان را بکشد که به تحولات روزگار

---

[1]. نهج‌البلاغه، نامه ۳۱
[2]. همان، خطبه ٤۱

آگاهند و فریب دادن دیگران را مخالف فرمان پروردگار می‌دانند، با این که توانایی بکار بردن اسباب فریب خلق را دارند ولی دانسته و با توجه این کار را نمی‌کنند.»

و در فرمانی امیر المؤمنین به مالک فرزند حارث اشتر هنگامی که وی را کارگزار مصر گرداند، تا مالیات آنجا را جمع کند و با دشمنان بجنگد و کار مردم مصر را اصلاح نماید و شهرها را آباد نماید، می‌فرماید:

"وَ لْيَكُنْ أَبْعَدَ رَعِيَّتِكَ مِنْكَ وَ أَشْنَأَهُمْ عِنْدَكَ أَطْلَبَهُمْ لِمَعَايِبِ النَّاسِ فَإِنَّ فِي النَّاسِ عُيُوباً الْوَالِي أَحَقُّ مَنْ سَتَرَهَا فَلَا تَكْشِفَنَّ عَمَّا غَابَ عَنْكَ مِنْهَا فَإِنَّمَا عَلَيْكَ تَطْهِيرُ مَا ظَهَرَ لَكَ وَ اللَّهُ يَحْكُمُ عَلَى مَا غَابَ عَنْكَ فَاسْتُرِ الْعَوْرَةَ مَا اسْتَطَعْتَ يَسْتُرِ اللَّهُ مِنْكَ مَا تُحِبُّ سَتْرَهُ مِنْ رَعِيَّتِكَ أَطْلِقْ عَنِ النَّاسِ عُقْدَةَ كُلِّ حِقْدٍ وَ اقْطَعْ عَنْكَ سَبَبَ كُلِّ وِتْرٍ وَ تَغَابَ عَنْ كُلِّ مَا لَا يَضِحُ لَكَ وَ لَا تَعْجَلَنَّ إِلَى تَصْدِيقِ سَاعٍ فَإِنَّ السَّاعِيَ غَاشٌّ وَ إِنْ تَشَبَّهَ بِالنَّاصِحِينَ"[1]

«بین مردم با کسی از همه بیشتر دشمن باش که در عیبجویی مردم اصرار دارد زیرا مردم عیبهایی دارند که شخص حاکم برای پوشاندن آنها سزاوارتر است. بنا بر این از آنچه از بدیهای مردم بر تو پوشیده است پی‌جویی مکن، بلکه آن عیوبی هم که آشکار است باید بپوشانی. و داوری در باره آنچه که از تو پنهان است با پروردگار خواهد بود پس تا آنجا که می‌توانی زشتی‌ها را بپوشان تا خداوند نیز عیبهایت را که دوست داری از چشم مردم پنهان باشد، بپوشاند. هر نوع عقده و کینه از مردم در دل داری بیرون بریز و خود را آزاد کن و رشته هر دشمنی را پاره نما. و هر چه در نظرت نادرست آمد خود را بی‌اطلاع نشان بده و در قبول سخنان افراد سخن‌چین و فتنه‌انگیز عجله نکن زیرا سخن‌چین خائن و نیرنگباز است، هر چند که خود را ناصح و پند دهنده جلوه دهد.»

- **حسن معاشرت، مهرورزی و مدارا**

حضرت علی در نامه ۳۱ پس از آنکه حکمت را سبب زنده شدن و نورانی شدن دل و یاد مرگ را سبب رام شدن نفس معرفی می‌کنند، معیار درست زندگی در کنار مردم برای فرزندشان امام حسن مجتبی (ع) را ارائه می‌فرمایند:

---

[1]. نهج‌البلاغه، نامه ۵۳

"يَا بُنَيَّ اجْعَلْ نَفْسَكَ مِيزَاناً فِيمَا بَيْنَكَ وَ بَيْنَ غَيْرِكَ فَأَحْبِبْ لِغَيْرِكَ مَا تُحِبُّ لِنَفْسِكَ وَ اكْرَهْ لَهُ مَا تَكْرَهُ لَهَا وَ لَا تَظْلِمْ كَمَا لَا تُحِبُّ أَنْ تُظْلَمَ وَ أَحْسِنْ كَمَا تُحِبُّ أَنْ يُحْسَنَ إِلَيْكَ وَ اسْتَقْبِحْ مِنْ نَفْسِكَ مَا تَسْتَقْبِحُ مِنْ غَيْرِكَ وَ ارْضَ مِنَ النَّاسِ بِمَا تَرْضَاهُ لَهُمْ مِنْ نَفْسِكَ وَ لَا تَقُلْ مَا لَا تَعْلَمُ وَ إِنْ قَلَّ مَا تَعْلَمُ وَ لَا تَقُلْ مَا لَا تُحِبُّ أَنْ يُقَالَ لَكَ وَ اعْلَمْ أَنَّ الْإِعْجَابَ ضِدُّ الصَّوَابِ وَ آفَةُ الْأَلْبَابِ فَاسْعَ فِى كَدْحِكَ وَ لَا تَكُنْ خَازِناً لِغَيْرِكَ وَ إِذَا أَنْتَ هُدِيتَ لِقَصْدِكَ فَكُنْ أَخْشَعَ مَا تَكُونُ لِرَبِّكَ"[1]

« ای پسرم نفس خود را میزان میان خود و دیگران قرار ده، پس آنچه را که برای خود دوست داری برای دیگران نیز دوست بدار، و آنچه را برای خود نمی‌پسندی، برای دیگران مپسند، ستم روا مدار، آنگونه که دوست نداری به تو ستم شود، نیکوکار باش، آنگونه که دوست داری به تو نیکی کنند، و آنچه را برای دیگران زشت می‌داری برای خود نیز زشت بشمار، و چیزی را برای مردم رضایت بده که برای خود می‌پسندی، آنچه نمی‌دانی نگو، گر چه آنچه را می‌دانی اندک است، آنچه را دوست نداری به تو نسبت دهند، در باره دیگران مگو، بدان که خود بزرگ بینی و غرور، مخالف راستی، و آفت عقل است، نهایت کوشش را در زندگی داشته باش، و در فکر ذخیره سازی برای دیگران مباش، آنگاه که به راه راست هدایت شدی، در برابر پروردگارت از هر فروتنی خاضع‌تر باش.»

"مَا لَا تُحِبُّ أَنْ يُقَالَ لَكَ وَ اعْلَمْ أَنَّ الْإِعْجَابَ ضِدُّ الصَّوَابِ وَ آفَةُ الْأَلْبَابِ فَاسْعَ فِى كَدْحِكَ وَ لَا تَكُنْ خَازِناً لِغَيْرِكَ وَ إِذَا أَنْتَ هُدِيتَ لِقَصْدِكَ فَكُنْ أَخْشَعَ مَا تَكُونُ لِرَبِّكَ"[2]

« آنچه را دوست نداری به تو نسبت دهند، در باره دیگران مگو، بدان که خود بزرگ بینی و غرور، مخالف راستی، و آفت عقل است، نهایت کوشش را در زندگی داشته باش، و در فکر ذخیره سازی برای دیگران مباش، آنگاه که به راه راست هدایت شدی، در برابر پروردگارت از هر فروتنی خاضع‌تر باش»

---

[1]. نهج‌البلاغه، نامه ۳۱
[2]. نهج‌البلاغه، نامه ۳۱

"احْمِلْ نَفْسَكَ مِنْ أَخِيكَ عِنْدَ صَرْمِهِ عَلَى الصِّلَةِ وَ عِنْدَ صُدُودِهِ عَلَى اللَّطَفِ وَ الْمُقَارَبَةِ وَ عِنْدَ جُمُودِهِ عَلَى الْبَذْلِ وَ عِنْدَ تَبَاعُدِهِ عَلَى الدُّنُوِّ وَ عِنْدَ شِدَّتِهِ عَلَى اللِّينِ وَ عِنْدَ جُرْمِهِ عَلَى الْعُذْرِ حَتَّى كَأَنَّكَ لَهُ عَبْدٌ وَ كَأَنَّهُ ذُو نِعْمَةٍ عَلَيْكَ وَ إِيَّاكَ أَنْ تَضَعَ ذَلِكَ فِي غَيْرِ مَوْضِعِهِ أَوْ أَنْ تَفْعَلَهُ بِغَيْرِ أَهْلِهِ"[1]

« خود را در برابر دوست و برادر خویش موظّف بدار که اگر او ارتباط را قطع کرد تو قطع نکنی. اگر او دوری کرد تو با نرمی و خوبی به او نزدیک شو و هرگاه بخل ورزید تو به او بخشش کن و هنگام فاصله گرفتن او، تو از او فاصله نگیر و هرگاه برخورد تند داشت تو برخورد ملایم داشته باش و اگر خطایی کرد عذرش را بپذیر تا آنجا که گویی تو غلام او هستی و گویی او ولی نعمت توست مبادا این کارها در غیر جای خودش به کار بندی و یا آن را در باره کسی که شایستگی آن را ندارد انجام دهی »

"لَا تَتَّخِذَنَّ عَدُوَّ صَدِيقِكَ صَدِيقاً فَتُعَادِيَ صَدِيقَكَ وَ امْحَضْ أَخَاكَ النَّصِيحَةَ حَسَنَةً كَانَتْ أَوْ قَبِيحَةً"[2] « هیچگاه دشمن دوستت را دوست قرار مده که باعث کدورت دوستت شده‌ای و با وی دشمنی کرده‌ای. همواره دوستت را خواه در کار خیر و خواه در کار بد نصیحت خالصانه و بدون غرض کن »

- نیکوکاری

در کلام امام علی، نیکوکاری در حق دیگران و شتاب کردن در آن نیز در کلام امام، ثمره‌ی انتظار مرگ ذکر شده است.

"فَمَنِ اشْتَاقَ إِلَى الْجَنَّةِ سَلَا عَنِ الشَّهَوَاتِ وَ مَنْ أَشْفَقَ مِنَ النَّارِ اجْتَنَبَ الْمُحَرَّمَاتِ وَ مَنْ زَهِدَ فِي الدُّنْيَا اسْتَهَانَ بِالْمُصِيبَاتِ وَ مَنِ ارْتَقَبَ الْمَوْتَ سَارَعَ فِى الْخَيْرَاتِ"[3]

---

[1]. همان، نامه ۳۱
[2]. همان، نامه ۳۱
[3]. نهج‌البلاغه، قصار ۳۱

« آن کس که اشتیاق بهشت دارد، شهوت‌هایش کاستی گیرد، و آن کس که از آتش جهنّم می‌ترسد، از حرام دوری می‌گزیند، آن کس که در دنیا زهد می‌ورزد، مصیبت‌ها را ساده پندارد و آن کس که انتظار مرگ را می‌کشد در نیکی‌ها شتاب می‌کند »

و در جای دیگر در ضرورت شتاب در نیکوکاری‌ها گذران سریع عمر را یادآوری فرموده و سبقت گرفتن در خوبی‌ها را پیشنهاد می‌کنند:

"فَسَابِقُوا رَحِمَكُمُ اللَّهُ إِلَى مَنَازِلِكُمُ الَّتِي أُمِرْتُمْ أَنْ تَعْمُرُوهَا وَ الَّتِي رُغِّبْتُمْ فِيهَا وَ دُعِيتُمْ إِلَيْهَا وَ اسْتَتِمُّوا نِعَمَ اللَّهِ عَلَيْكُمْ بِالصَّبْرِ عَلَى طَاعَتِهِ وَ الْمُجَانَبَةِ لِمَعْصِيَتِهِ فَإِنَّ غَداً مِنَ الْيَوْمِ قَرِيبٌ مَا أَسْرَعَ السَّاعَاتِ فِي الْيَوْمِ وَ أَسْرَعَ الْأَيَّامِ فِي الشَّهْرِ وَ أَسْرَعَ الشُّهُورَ فِي السَّنَةِ وَ أَسْرَعَ السِّنِينَ فِي الْعُمُرِ"[1]

" خدا شما را رحمت کند پس بشتابید به سوی آباد کردن خانه‌هایی که شما را به آبادانی آن فرمان دادند، و تشویقتان کرده، به سوی آن دعوت کرده‌اند، و با صبر و استقامت، نعمت‌های خدا را بر خود تمام گردانید، و از عصیان و نافرمانی کناره گیرید، که فردا به امروز نزدیک است. وه چگونه ساعت‌ها در روز، و روزها در ماه، و ماه‌ها در سال، و سال‌ها در عمر آدمی شتابان می‌گذرد.

---

[1]. همان، خطبه ۲۳۰

۴- نمودار توصیفی

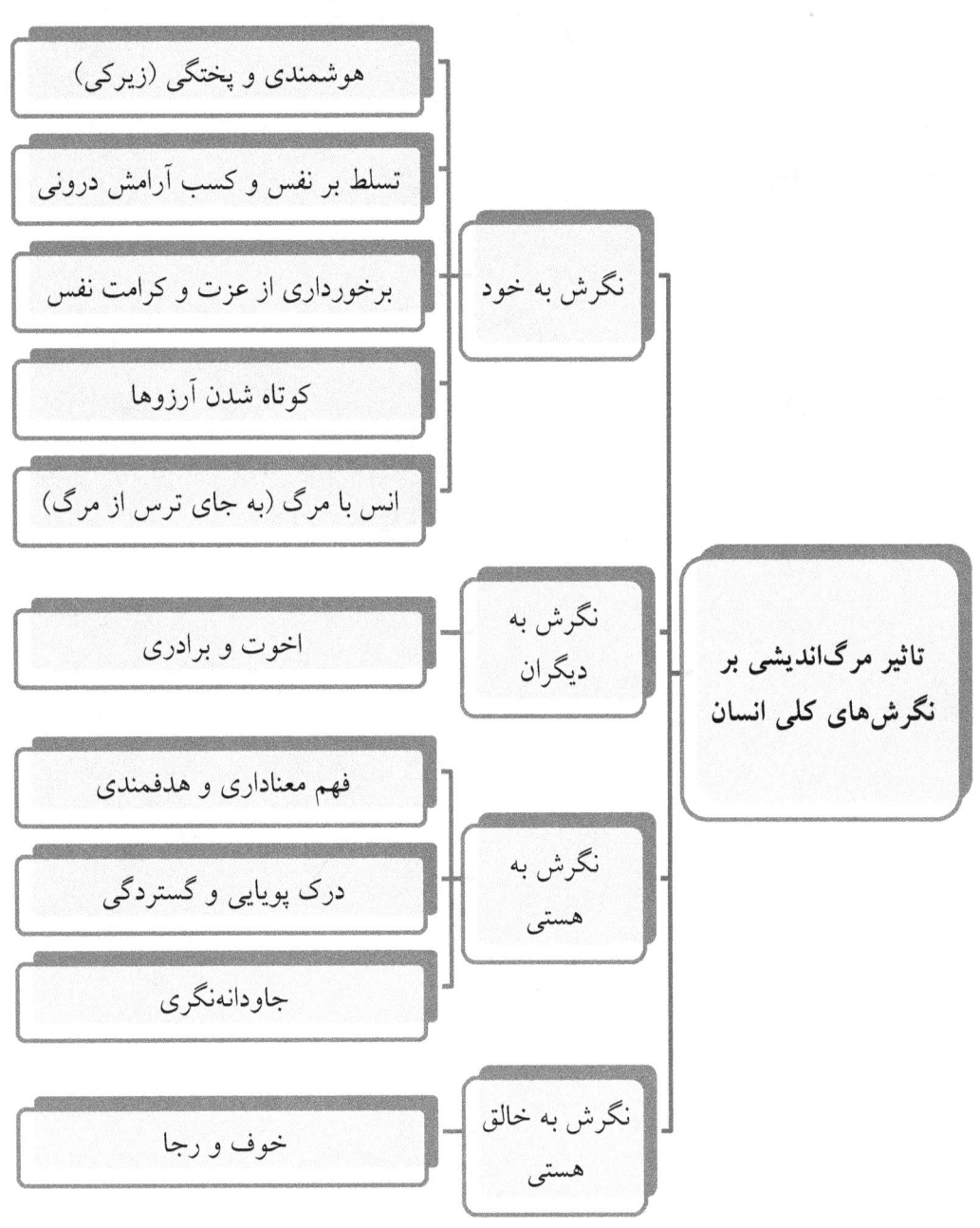

۵- خلاصه و جمع‌بندی

عموم ادیان دارای نظام معنایی، آموزه‌ها، نهادها و ساختارهایی هستند که پیروانشان را در ایجاد سبک‌های زندگی مبتنی بر آن‌ها توانمند می‌کنند. در فصل دوم به ارتباط بین هویت و سبک زندگی اشاره شد و گفته شد که هویت دینی، انسان را به منبع و پشتوانه‌ای متصل می‌کند که از بالاترین ثبات برخوردار بوده، به جاودانه بودن انسان اشاره دارد و جلوه‌ای زیبا به او می‌دهد. لذا راه‌های رسیدن به کمال را برای او هموار می‌نماید. تعریف‌ها و ویژگی‌های «دین» و «سبک زندگی» نیز نشان می‌دهد که امکان برقراری یک رابطه (حتی از نوع علّی آن) میان این دو مفهوم وجود دارد. زیرا سبک زندگی را کلّیت یا الگوی رفتاری ناشی از تمایلات و ترجیح‌ها تعریف کرده‌اند و این تمایلات و ترجیح‌ها متاثر از دین یا دیگر نظام‌های معنایی افراد است. با مبنا قرار دادن فرآیند شکل‌گیری سبک زندگی، اگرچه معمولاً دین در مرحله شکل‌دهی به تمایلات و ترجیحات بیشتر مورد توجه قرار می‌گیرد (و این توجه هم بجاست)، ولی پاره‌ای از پژوهش‌ها و امکان‌سنجی‌ها نشان می‌دهد که دین می‌تواند در کلیه مراحل فرآیند شکل‌گیری سبک زندگی تاثیر مستقیم و یا واسطه‌ای (زمینه‌سازی) داشته باشد. در واقع دین یک امر فراگیر فرهنگی- اجتماعی است و می‌تواند به نوعی در هر امر و فرآیند فرهنگی اجتماعی و از جمله سبک زندگی به‌طور مستقیم یا غیر مستقیم تاثیرگذار باشد و با این وصف مرگ‌اندیشی نیز به عنوان یکی از مهم‌ترین آموزه‌های دینی می‌تواند به طور مستقیم یا غیر مستقیم از طریق تاثیر بر نگرش‌های کلی حاکم بر زندگی، بر شکل‌دهی تمایلات و ترجیحات و بالطبع بر سبک زندگی انسان تاثیرگذار باشد.

نگرش انسان به هستی به عنوان یک مجموعه معنادار، هدفمند، پویا و جاودانه، نتیجه مرگ‌اندیشی است و قطعاً خالق چنین هستی نیز، خود حکیمی هوشمند است که مشیت او مبتنی بر قانونمندی و عین رحمانیت است. اصلاح نگرشِ به خود به فهم هوشمندی، برخورداری از پختگی، تسلط بر نفس و کسب آرامش درونی می‌انجامد و نهایتا احساس اخوت و برادری را می‌توان از مهم‌ترین دستاوردهای اصلاح نگرشِ به دیگران دانست. از رفتارهای منبعث از این نگرش‌ها و همچنین جهت‌گیری تمایلات و هیجانات زندگی در پرتو مرگ‌اندیشی می‌توان به پرهیز از دنیاپرستی، کسب فضایلی مانند تقوی و پرهیزکاری، زهد و قناعت و ... اشاره کرد که به طور قطع در جهت‌دهی رفتار اجتماعی فرد مؤثر خواهد بود.

بنابراین مرگ‌اندیشی به عنوان یکی از مهم‌ترین آموزه‌های دینی می‌تواند با تاثیر بر نگرش‌های کلی حاکم بر زندگی انسان، همه رفتارها و وظایف فردی، خانوادگی و اجتماعی و همچنین هیجانات و رفتارهای درونی انسان‌ها را تحت تاثیر خود قرار داده و آن‌ها را جهت دار نموده و در نتیجه هر لحظه زندگی انسان معنادار و هدفدار خواهد بود. لذا یکی از درمان‌های قطعی برای برون‌رفت از وضعیت موجود و اصلاح سبک زندگی جوامع مسلمان که تحت تاثیر نفوذ آفات سبک زندگی مدرن بعضاً از ارزش‌ها، هویت دینی و فرهنگ غنی اسلامی فاصله گرفته‌اند، بی‌شک توجه به موضوع مرگ‌اندیشی است.

همان‌گونه که گفته شد تا کنون پژوهشی که بتواند همه ابعاد یک سبک زندگی را در پرتو آموزه‌های دینی مورد مطالعه قرارداده و منجر به ارائه یک مدل جامع تحت عنوان مدل سبک زندگی دینی یا سبک زندگی اسلامی‌شده باشد وجود ندارد و یا حداقل نگارنده از آن بی اطلاع است که به نظر می‌رسد علت آن همان گستردگی ابعاد و وجوه مختلف سبک زندگی باشد. هرچند کتاب‌های ارزشمندی در این زمینه به قلم آقایان دکتر مهدوی کنی و دکتر کاویانی که در این نوشتار از آن‌ها استفاده زیادی شده به موضوعات مختلفی در سبک زندگی دینی(اسلامی) پرداخته‌اند، لیکن به نظر می‌رسد باز جامعیت لازم را ندارند. البته باید اذعان نمود که ارائه چنین الگویی از سبک زندگی در پرتو یکی از آموزه‌های دینی مانند موضوع مرگ‌اندیشی، خود نیز به مراتب دشوارتر است. مولفه‌های رفتاری، گرایش‌ها و وظایف ذکر شده در فصل قبل بسیاری از ابعاد و مولفه‌های یک سبک زندگی را پوشش می‌دهد، لیکن با تعریفی که از سبک زندگی در فصل دوم ارائه شد، نمی‌توان آن را به عنوان یک الگوی کامل یا سبک زندگی قلمداد کرد و تنها با توجه به شرحی که از «سبک‌های کلی زندگی در مواجهه با یادکرد مرگ»، ارائه شد، می‌توان گفت حالت ایده‌ال از این سبک را باید در زندگی دسته سوم جستجو نمود. سبک زندگی امامان و پیشوایان دینی به عنوان افرادی که مرگ‌اندیشی را در حد تمام و کمال متذکر بوده‌اند، بهترین الگو برای مردم است و این همان معنای هادی بودن ایشان برای بشر است.

بنابراین عدم وجود نمونه‌هایی از سبک‌های کامل زندگی در جوامع مختلف را می‌توان به عنوان یکی از محدودیت‌های موجود برای این پژوهش به حساب آورد. زیرا در صورت وجود نمونه‌هایی از الگوهای کامل یا سبک‌های زندگی دیگر و مقایسه نتایج این پژوهش با هر یک از آن‌ها می‌توانست تاثیر مرگ‌اندیشی را بر تک‌تک مولفه‌های سبک زندگی بیش‌تر مشخص نماید.

فهرست منابع:

اسپرلینگ، آبراهام، *روانشناسی*، ۱۳۷۲، مهدی محی الدین، بناب، انتشارات روز

اسلامی‌اردکانی، سیدحسن، ۱۳۸۲، نشریه معارف، شماره ۱۳

پارسا، محمد، *روانشناسی تربیتی*، ۱۳۷۵، انتشارات سخن

جعفری، محمد تقی، کاوشی در نهج‌البلاغه (مقالات کنگره‌ی سوم)، ۱۳۶۴، بنیاد نهج‌البلاغه

جعفری، محمدتقی، ترجمه و تفسیر *نهج‌البلاغه*، ۱۳۷۵، (جلد ۲ و ۳ و ۱۰ و ۱۱ و ۱۸)، دفتر نشر فرهنگ اسلامی

جوادی آملی، عبدالله ، معاد در قرآن، ۱۳۹۰، ج ۴، چاپ ۶، انتشارات اسراء

حر عاملی، محمدابن حسن، وسائل الشیعة الی تحصیل مسائل الشریعه، ۱۴۰۳ق. مکتبه الاسلامیه، جلد (۲)

دشتی، محمد، ترجمه *نهج‌البلاغه*، ۱۳۷۹، موسسه انتشارات مشهور

سبحانی، جعفر، *منشور جاوید*، ۱۳۶۰، ج ۹، اصفهان، انتشارات کتابخانه امام امیرالمومنین علی (ع)

سرمد، زهره؛ بازرگان، عباس؛ حجازی، الهه؛ روش‌های تحقیق در علوم رفتاری،۱۳۸۸، چاپ هفدهم، موسسه انتشارات آگاه

سروش، عبدالکریم، *اوصاف پارسایان*، ۱۳۷۹، چاپ هفتم، موسسه فرهنگی صراط

سروش، عبدالکریم، حکمت و معیشت (دفتر اول و دوم)، سال ۱۳۷۶، چاپ اول، موسسه فرهنگی صراط

شاملو، سعید، مکاتب و نظریه‌ها در روان‌شناسی شخصیت، تهران، رشد، ۱۳۸۲، چاپ هفتم.

شریفی، احمد حسین، *آداب و سبک زندگی اسلامی*، نشر معارف، ۱۳۹۱

شهیدی، سید جعفر، ترجمه *نهج‌البلاغه*، ۱۳۷۸، شرکت انتشارات علمی و فرهنگی

صالح، صبحی، شرح *نهج‌البلاغه*، قرن ۵

عبده، محمد، شرح *نهج‌البلاغه*، قرن ۱۴

عمید،حسن، فرهنگ عمید، ۱۳۷۱، چاپ هشتم، تهران، انتشارات امیرکبیر

فرمهینی فراهانی، محسن، تربیت در *نهج‌البلاغه*، ۱۳۹۰، چاپ اول، انتشارات آییژ

فیض الاسلام، سید علی نقی، ترجمه و شرح *نهج‌البلاغه*، ۱۳۷۹، انتشارات فقیه

قرشی بنابی، سید علی اکبر، *مفردات نهج‌البلاغه*، ۱۳۷۷، جلد ۱ و ۲، چاپ اول، موسسه فرهنگی نشر قبله

کاویانی، محمد، *سبک زندگی اسلامی و ابزار سنجش آن*، ۱۳۹۱، چاپ اول، پژوهشگاه حوزه و دانشگاه

لطفی، محمد حسن، *دوره آثار افلاطون*، ۱۳۵۷، جلد دوم، انتشارات خوارزمی

مجلسی، *بحارالانوار*، ۱۳۳۷ ج ۶، انتشارات دارالاسلامیه

مطهری، مرتضی، *تعلیم و تربیت در اسلام*، ۱۳۷۲، انتشارات صدرا

مطهری، مرتضی، *سیری در نهج‌البلاغه*، ۱۳۷۲، چاپ نهم، انتشارات صدرا

ملا صدرا، صدرالدین محمد، *الاسفار الاربعه*، ر، بی‌تا، قم، مکتبه صفویه، ج ۹

ملکی تبریزی، میرزا جواد، *رساله‌ی لقاء الله*، ۱۳۶۰، انتشارات نهضت زنان مسلمان

موسوی، زهرا سادات، *مرگ‌اندیشی و تاثیر آن بر تربیت انسان از دیدگاه نهج‌البلاغه*، ۱۳۸۷، پایان‌نامه کارشناسی ارشد به راهنمایی: نفیسی، شادی، دانشکده علوم حدیث

مهدوی کنی، محمد سعید، *دین و سبک زندگی*، ۱۳۸۷، چاپ دوم، تهران، انتشارات دانشگاه امام صادق(ع)

ناظم‌زاده قمی، سید اصغر، *جلوه‌های حکمت*، ۱۳۷۵، مرکز انتشارات دفتر تبلیغات اسلامی

نصری، عبدالله، مرگ در اندیشه علامه جعفری، ۱۳۸۶، مجله قبسات، شماره ۵

Abstract

Identity Crisis and transformation of values, especially in the last hundred years, leads to the dispersion in attitudes, beliefs, customs and behaviors in different societies, and unfortunately the maladies of the modern life such as excessive consumerism, luxury and other bad ethical habits affected the life style of the Muslim communities. This issue for the Muslim Communities, Especially Shiites, which are enriched by prophets' lifestyle, Inspirations, Quran and Nahj-al Balagha, is a great social damage. Because all of the social and individual behaviors, tendencies, desires and responsibilities of the Human kind, are originated from the general attitudes which rule the life, so in order to revise and modify the behaviors of a society, the best way is to modify their attitudes. Thinking about death is the innate result of the futurism of the human, and his attention to the destiny and looking for the end of the life in this world, is a useful thought for continuity of the life and entering into the eternal world. Therefore this attitude can be considered as one of the most important issues in the revision of the social and individual lifestyle. General attitudes which rule the life are categorized in 4 groups: Attitudes about God, Attitudes about him/herself, Attitudes about the Existence and Attitudes about the Others. The attitudes of human about the existence as a meaningful, targeted, active and immortal collection, is the result of thinking about death, and certainly the creator of this existence, himself is a smart and wise creature, and his want is to be merciful and this is the same as obeying the laws. The revision of the attitudes about him/herself will result in intelligence understanding, being mature, control on him/herself and gaining internal peace; and finally feeling of brotherhood and fraternity is the main achievement of the revision of the attitudes about the others. Some of the resulting behaviors from these revised attitudes and also beliefs and thoughts resulted from thinking about death are staying away from secularism, gaining some feelings such as Virtue, piety, asceticism and contentment and so on. Which these feeling certainly have important effects on directing the social behavior of the person.

Keywords: Thinking about Death, Lifestyle, Attitudes, Desires, Behaviors, Nahj-al Balagha

Reflection of death notion upon life style on the basis of Nahjolbalagheh teaching
(Persian Edition)

Authored by
Saeed Sekhavat, Parvin Baharzadeh

Publisher: Supreme Century, USA
ISBN-13: 978-1939123916
ISBN-10: 1939123917